時事漫才
爆笑問題

太田出版

時事漫才

まえがき

爆笑問題を結成して今年で三十年になる。

『爆笑問題の日本原論』シリーズも今回で八冊目。タイトルは『時事漫才』にした。その言葉を考えて、思い返すこともあったので、最初の『爆笑問題の日本原論』（一九九七年宝島社刊行）の単行本あとがきに書いたことを改めて記したい。

初めて人前でネタをやったのは一九八八年。渡辺正行さんが主催する新人コント大会だった。当時なかなか客を笑わせることができない我々に、渡辺さんは「ネタはシンプルに誰にでもわかりやすくすること」「漫才は客を笑わせるため以外の無駄を省いたセリフのやりとりでなければいけない」とアドバイスしてくださった。

我々が、今はなき『宝島30』（宝島社）という雑誌で連載を始めないかと編集の穂原さんから話をいただいたのが、それから六年後、少しは客を笑わせるコツを覚えた時期だった。最初に私が提出した原稿は、一人称で書かれたエッセイのようなスタイルの文章だった。その原稿を読んだ穂原さんは、「もっと無駄を省いて、誰にでもわかりやすい文章にしてほしい」と言った。また「一日仕事をして疲れたサラリーマンが、帰りの電車のなかで頭を使わずに読んで笑えるような文章です」と言い、どういう書き方をすればいいのかわからずに頭を抱えていた私に、「爆笑問題さんがステージでやっている漫才がそういうタイプのものだと思います」と言った。

以来、私の中には常に、一人の疲れたサラリーマンがいて、私はそのサラリーマンを笑わせることだけを考えて書くようになった。

それは、二十四年経っても、まったく変わらない。

例えば、若者が見ているドラマのパロディみたいなことをやっても、きっとちんぷんかんぷんだろう。笑いというものは最大公約数の人に共感してもらえなければ大きくならない。会社帰りに新橋あたりで一杯飲んでいる人たちも、思わずフッと笑ってしまうような話。つまりニュースやワイドショーで世間を騒がせている時事ネタこそ、読者に一番フィットしている。結果的に我々がライブで実際にやっている漫才を文章にしていくスタイルでいくことになった。どんなに忙しい時も、二十四年間、毎月、それを書き続けて、月刊雑誌に連載している。一月も休んだことはない。

『宝島30』で連載を始めてしばらく経った一九九五年は日本にとって大変な年だった。

一月に阪神大震災、三月にオウム真理教による地下鉄サリン事件が起きた。北朝鮮も不穏な状態が続いていた。考えてみれば、二〇一八年の夏も、自然災害とオウムと北朝鮮が人々の話題になっているのは不思議なことだと思う。

あの一年は、漫才をしても震災とオウムと北朝鮮のネタ以外はいっさいウケなかった。「芸能人の誰々が結婚しました」みたいな話をネタの間に入れたところで誰も興味を示さない。それくらい事件が巨大すぎた。

我々としても人の生死に関係する事件はなるべく触れないという明確な基準はあったけれども、「地下鉄サリン」はガンガンやっていた。というのは、渦中だからそれをやるしかないという状況を客も正しく把握して、許していたんだと思う。

いまはその時代とはお笑いの許容度が大きく隔たっている。いつの間にかそうなってしまった。ＰＴＳＤ（心的外傷後ストレス障害）だったり、遺族の悲しみだったり、当時より深く日本人の心の中に沈み込んでしまったから、当時のように茶化すことはもうできない。時代ごとに笑い飛ばせることのラインは変わっていくということだ。

もしかしたら、第二次世界大戦もそうだったのかなという気もする。

戦争中はまだ茶化して笑えていたようなことも、東京裁判が開かれて戦争責任を問われるとそうはいかない。いつの間にか、戦後の近代史は学校の教科書的にもタブーのように触れられなくなってしまった。

我々の漫才も時代時代に微妙に変わっていく世の中の雰囲気を窺いながら、一番ギリギリを狙ってやっている。放送ができないことを売り物にする、とにかく過激なことをやる奴もたくさんいたが、我々は違う。我々はお客の反応を見ながら、「テレビでできるお笑い」というものを常に意識してきた。無駄を省いてわかりやすく、疲れたサラリーマンが笑えるものをというアドバイスは、いまも大切に守っている。いつもどうしたらみんな笑ってくれるのかを考えている。

本書では、二〇一五年五月から二〇一八年八月の時事ネタを扱っている。時期的には安倍晋三政権下、安保法成立からモリカケ疑惑、カジノ法案成立までである。

個人的には、あまり変化のない四年間だったとは思う。要するに安倍さんがトップにいて、野党もリベラルもなんとかひっくり返そうとするが、なかなかしぶとくて倒れない。

そんなことを考えながら原稿を読み返していると、二〇一五年六月の項に『報道ステーション』(テレビ朝日系)の生放送中、元経産官僚のコメンテーター・古賀茂明さんが「番組を降ろされるのは政府の圧力だ」と発言したことを扱っていた。このときは「我々が政治をネタにした漫才をやると客が全然笑わないのは政府の圧力だ!」というオチにしていた。

二〇一五年四月、新宿御苑で開催された安倍さん主催の「桜を見る会」に参加しただけで「太田光は安倍の圧力に屈した」みたいなことを散々言われたものだが、いまはどのワイドショーも安倍さんの批判を平気でやっている。古賀さんが降板することになった真相はわからないが、少なくとも我々に関しては安倍さんの悪口を言ったところで番組がなくなることはなかった。疑心暗鬼なのだろうか。右は右でオーバーに左を批判するし、左は左で同様に攻撃する。いずれも極端すぎると思う。

我々としては右も左も難しいことを考えずに笑ってもらえたら幸いだ。

太田　光

時事漫才
目次

2017

2018

ブックデザイン　鈴木成一デザイン室

2015

2015.5

田中　大塚家具の創業者で会長だった大塚勝久さんと、娘で現社長の久美子さんの対立が話題になってるよね。久美子社長は綺麗でお嬢様気質の感じもあって、一部では〝かぐや姫〟なんて揶揄されて呼ばれたりしてるね。

太田　うまいこと言うよな。会長も〝かぐやオヤジ〟って呼ばれちゃったりして。

田中　まったくうまくないな！　語呂も悪いし！　このお家騒動、まだまだあとを引きそうだよね。会長は記者会見で「悪い子供をつくった」って言ったりしてたね。

太田　そのあとうつむいて、「バカ野郎！」って怒鳴ってたな。

田中　それはみのさんだよ！　蒸し返すな！

太田　で、そのまま社長の家に行って、スプレーで壁に「バカ娘」って落書きしたらしい。

田中　それは江角マキコのマネージャー！　いろんな出来事を混ぜるなよ！　ややこしくなるから！

太田　で、そのあと、アフリカでライオンに首噛まれちゃって。

田中　それは松島トモ子！　もう、まったく関係なくなっちゃってるよ！　単にお前が好きな事件並べてるだけだろ！　大塚家具の会長と社長では経営方針が違うんだよね。創業者の会長のやり方は、会員のお客さん一人ひとりに担当者がついて、売り場を回りながら顧客のライフスタイルに合わせてそれぞれの家具を提案していくという、丁寧で、ある意味、贅沢なサービスが良かったわけだけど、時代の変化もあって、もっとカジュアルに気軽に家具を選びたい若い人なんかには、少し敷居が高い部分があったかもしれないね。

太田　たしかに、春から一人暮らしを始めるような若い女の子なんかは買い物しにくいところはあったんだろうな。担当者が付きっきりで、ベッドを選ぶ時なんか布団のなかまで入ってきちゃったりして。

田中　そんなわけねえだろ！

太田　「え？」なんて女の子が驚いていると、担当者が「うちはこういうシステムになっておりまして」って。

田中　訴えられるよ、そんなことしてたら！　そんなわけねえだろ！　でも最近では、ニトリやＩＫＥＡなどのカジュアルな店が台頭してきて、久美子社長はそういう方向も取り入れようとしていて、その辺が会長とは意見が合わないみたいだね。でも、このままお家騒動が続いてたら、それこそライバルのニトリやＩＫＥＡにとってはプラスになっちゃうよね。

太田　「お値段以上だぜ！」ってニトリの社長が言ってたらしいな。

田中　言わねえよ！　でも、これから大塚家具は父と娘で分裂しちゃうかもしれないね。

太田　そうしたら凄いな。二段ベッドなんか上と下で分かれちゃったりして。

田中　どういうことだよ！

太田　担当者が「どうですこの二段ベッドの上。スプリングも効いててとてもいいですよ！」って、で、客が「下はどうですかね？」って訊くと一切無言だったりして。

田中　面倒くさいよ！　そんなんだったら一緒にやれ！　それから政界では、〝政治とカネ〟問題で揺れてるね。西川公也農水相が辞任したと思ったら、安倍首相も献金が禁止された企業から政治献金を受けとっていたことがわかったり、民主党の岡田克也代表も同じことが発覚して大騒ぎ。そんななか、亡くなった中川昭一さんの妻で、中川郁子《ゆうこ》現政務官が自民党の門博文議員と路上キスしている写真を週刊誌に撮られちゃうという大失態を起こして問題になってるね。

太田　これも昔からある〝政治とキス〟問題だな。

田中　そんな問題はねえよ！

太田　いや、橋本聖子さんとか……。

田中　たしかに、フィギュアスケートの高橋大輔選手とキスして話題になってたけど！

太田　この不祥事に野党は大喜びだよな。民主党の細野豪志さんなんか国会で、「緊張感が足らないんじゃないですか!?」なんて質問したもんな。

田中　してねえよ！　自分も山本モナと撮られてるじゃねえか！

太田　あったな。〝政治とモナ〟問題。

田中　だからそんな問題はねえよ！　一人だけじゃねえか！

太田　あと、〝野球とモナ〟問題。

田中　二岡智宏な！　もう全然、政治関係なくなっちゃってるよ！

太田　〝五反田とモナ〟問題。

田中　しつこいよ！　たしかにラブホテルは五反田だったけど！　もう原型、何も留めてないよ！　中川郁子さんは「酒席のあとであったとはいえ、軽率な行動でした」って謝罪したけどね。

太田　酒に酔ってたって言い訳なのかね？　キスする時、「え〜……オバマ政権がぁ

〜」って言いながらしちゃったらしいね。

田中　それは旦那のほうだよ！　酩酊会見！　夫婦揃って何なんだ！　中川さんはそのあとも、入院先の病院でルールに反して喫煙したことでも謝罪してたね。

太田　お前は不良の高校生か！

田中　たしかに、やってることはそれに近いよね。それからもう一人、下村博文文部科学大臣が、暴力団と関係があるとされる企業に融資してた男性から献金を受け取ったとして、これも問題になったね。なおかつ、下村さんはその件に対して、相手に口止めのメールを出してたことが発覚してさらに問題が大きくなった。

太田　メールの内容が、「マスコミには言うなよ！　いいか、言うなよ！　言うなよっ！　言うなよぉっ！」ってメールでね。

田中　しつこいよ！　ダチョウ倶楽部の上島竜兵さんの「押すなよ！」のフリか！

太田　そしたら相手が「訴えてやる！」って言って、下村さんが「聞いてないよぉ！」って。

田中　完全にダチョウ倶楽部じゃねえか！　いい加減にしろ！

2015.6

田中　最近は、維新の党を除名になった上西小百合議員の話題でもちきりだね。体調不良で衆議院本会議を欠席したにもかかわらず、翌日には秘書と旅行に行っていたことが発覚して、その秘書との関係も取り沙汰されて謝罪会見をしてたね。

太田　まあ、いままでは政治家の不祥事があると「秘書がやりました」っていうのがいつものパターンでウンザリしてたけど、今回は初めてのケースだろうね。「秘書とヤリました」ってのは。

田中　そんなことは言ってねえよ！　本人も否定してただろうが！　今回、その秘書も一緒に会見してたけど、秘書のマスコミに対する態度も非難されてるよね。車を取り囲むマスコミに対して、「当たっとるやないか、コラぁ！」ってヤクザまがいの恫《どう》喝《かつ》をしてたからね。さすがに会見ではそのことも謝ってたけど。

太田　「大変申し訳ありませんでした。ワシの言動が悪かったんじゃコラぁ！」ってな。

田中　まったく反省してねえじゃねえか！　ちゃんと謝ってたよ！　でも、騒動はまだまだ収まりそうにないね。上西議員は〝浪速のエリカ様〟なんて呼ばれてたらしいけど。

太田 世間では、上西議員が沢尻エリカと全然似てないって文句言ってる人もいるみたいだけど、どこどこの誰々ってのは大抵そういうもんだからね。そんなこと言ったら、キダタローさんだってちっともモーツァルトに似てないから。

田中 あの人は見た目で言われてるわけじゃないんだよ！

太田 そもそも、モーツァルトはちゃんと地毛だしな。

田中 うるせえよ！　それにしても上西議員は、本会議を欠席した前日もショーパブに行ってたことがわかったりして、ますます許せないってことになってるよね。

太田 たしかに許せないな。いまどき、ショーパブなんか行くか？

田中 それは別にいいだろ！

太田 ショーパブ芸ってのは、水商売のニオいが付いちゃってダメなんだよ。芸人で言うと、ＢＯＯＭＥＲなんかがそうだけど、あれは一回やっちゃうと一生消えないんだよな。どうしてもショーパブ臭が残っちゃう。ちょっとした言い回しとかに出ちゃうんだよな。できれば、これから芸人目指す人はショーパブは出ないほうがいいね。

田中 うるせえよ！　話が本題から逸れちゃってるよ！　誰がそんな話聞きたいんだ

よ！　BOOMERもかわいそうだろ！　ショーパブで働いてる連中にも失礼だよ！
あと話題といえば、宮城県大衡村の跡部昌洋村長だね。長年にわたって、秘書に対してセクハラを行っていたということで退職した。

太田　〝ヅラハラ〟村長な。

田中　〝セクハラ〟村長だよ！　なんだよ〝ヅラハラ〟って！

太田　〝ヅラルハラスメント〟。

田中　そんな言葉ねえよ！　もしそんな言葉があるとしたら、当てはまるのはお前だ！　それにしてもあの村長、やってることが凄いよね。いままでに一千三百通以上のメールを送ったり、相手を「姫」と呼んで自分のことは「殿」と呼ばせたりしてたんだよね。

太田　ちょっとやってることがズレてるよな。

田中　たしかにね。

太田　何というか、世間から浮いてるというか……。

田中　まあね。

太田　何か被ってるというか……。

田中　やめろ！　全部ヅラの話じゃねえか！　「被ってる」って、もうまったく関係ねえだろ！　でもあのニュースは、各局のニュースやワイドショーで連日、報道されてたよね。

太田　それはいいんだけど、『とくダネ！』（フジテレビ系）であの話題を取り上げることがあるんだよ。もう、その時はハラハラして。

田中　何でだよ！

太田　どこが問題なんだか焦点がぼけちゃって……。

田中　それ以上言うな！

太田　目のやり場に困るというか。

田中　うるさいよ！　あと衝撃的だったのは、『報道ステーション』（テレビ朝日系）の生放送中に、コメンテーターの古賀茂明さんが、自分が番組を降ろされるのは「政府による圧力だ」と発言したことだよね。古舘さんの静止も振り切って、手製のフリップまで用意してきて。

太田　そこに「I　was　gay」って書いてあって、ビックリしたよな。

田中　書いてねえよ！　元マラソン選手の有森裕子さんの旦那、ガブちゃんか！　「I　am　not　ABE」って書いてあったんだよ！　それにしても、古賀さんの言う「圧力」ってのは本当にあるのかね？

太田　まあ……大きな声じゃ言えないけどね……なんというか……。
田中　何だよ？　思わせぶりな言い方して。
太田　まあ、ここだけの話にしてほしいんだけどね……ないとは言い切れないよな。
田中　本当かよ？
太田　っていうか、あると言えばあるよ。
田中　そうなの？　そういうのを感じたことあるの？
太田　俺たちも、これまでもう二十年以上、このテレビ業界にいるからね。たくさんの番組やってきたし、終わった番組も多かったよな？
田中　まあね。
太田　終わったのは全部、政府の圧力だよ。
田中　そんなことねえよ！　都合のいい解釈するな！　単に視聴率が悪かっただけだよ！
太田　その視聴率が悪いのだって、ある意味……。
田中　政府の圧力のわけねえだろ！　完全に俺たちの力不足だよ！
太田　あと、俺たちはよく政治を取り扱う漫才やるから、そうするとよくライブなんかでも全然客が笑わない時あるだろ？　あれも政府の圧力だからね。

田中　違うよ！　完全に自分たちのせいだよ！
太田　政府は怖い！
田中　政府関係ねえよ！　いい加減にしろ！

2015.7

田中　安倍首相が、アメリカの上下両院会議で演説をしたことが話題になってるね。その前日、ホワイトハウスで行われた夕食会では、安倍さんがジョークで会場を沸かせたんだよね。翌日に控えた演説の練習について、「一昨日、昨日と部屋で練習をしているが、妻は『聞き飽きた』と言って夕べは別々に寝ることになった」って。
太田　ハハハハハハハハハハハハハハハハハハハハハハハハハ！
田中　バカにしてんだろ！　笑い方がわざとらしいよ！　でも実際、このジョークは大爆笑だったらしいよ。
太田　そうだろうね。でも、俺だったらこうするな。「夕べ、部屋で妻を相手に練習をした。妻は練習が終わるとこう言った。『上出来ね。あとは服を着ても、そのとおりできるかどうかね』って」。ハハハハハハハハハハ！

田中　だからその笑い、やめろ！　勝手にアレンジするな！　でも、そのあともジョークを連発して会場を沸かせたんだから、大したもんだよね。

太田　たしかに、日本アカデミー賞の日本人俳優のスピーチぐらい面白かったからな。

田中　どういう意味だよ！　いろんな人に失礼だろ！　次の日の会議では、四十分にわたって英語でスピーチをして評判もよかったみたいだね。

太田　中身は山本一太が考えたらしいけどな。

田中　それは別の話だよ！　山本一太議員が総裁ネット戦略アドバイザーっていうことで、普段、安倍首相の言葉を首相名義のツイッターで代筆して投稿してるらしいんだけど、間違って自分自身のつぶやきを首相のアカウントにツイートしちゃったんだよ！「昨晩はほとんど寝ていない。機内で爆睡する」って言葉とともに、ご丁寧に山本議員自身の写真まで添付されてて乗っ取りか？　ってちょっとした騒ぎになったんだよ。

太田　乗っ取りだったら凄いことだよな。山本一太、寄生獣かよ！

田中　別に、体を乗っ取ったって話じゃねえんだよ！　アカウントの乗っ取りだよ！それからちょっとヒヤッとしたのは、首相官邸の屋上にドローンが落とされてて、それについていた容器から放射能が検出されたって事件だよね。今回は人体に影響のないぐらいの放射能だったらしいけど、これがもし、他のものだったらって思うと怖いよね。

太田 ウンコとかな。

田中 そういうことじゃねえだろ！ 小学生か！ 犯人は、福井県に住む無職の男だった。

太田 福井から飛ばしてたって、凄いドローンだな。

田中 そうじゃねえよ！ 飛ばしてたのは近くからだよ！ この事件以来、ドローンを規制したほうがいいんじゃないかって意見が強くなってるよね。その一方で、せっかく自由に使えてこれから発展するであろうドローンを規制するのはやめたほうがいい、っていう意見もあるんだよね。

太田 たしかに、無法地帯にしておくのもどうかと思うから、少しだけ規制したらいいんじゃないかな。

田中 少しだけ規制するってどういうこと？

太田 飛ばしていい高さを人の膝ぐらいまでにするとか。

田中 それじゃ、まったくドローンの意味ねえだろ！ むしろ危ないよ！ あと、おめでたいニュースとしては、イギリス王室のウィリアム王子とキャサリン妃に、第二子の女の子が誕生したね。
太田　シャーベットな。
田中　シャーロットだよ！　名前についてはブックメーカーでいろいろ予想されてたね。
太田　そうそう、「アリス」とか「エリザベス」とか「ナジャグランディーバ」とかな。
田中　「ナジャグランディーバ」なんてあるわけないだろ！　「アリス」は有力だっていわれてたんだけどね。
太田　エリザベス女王が、「谷村新司のイメージが強いから」って言って却下したらしいな。
田中　そんなわけねえだろ！　エリザベス女王、谷村新司さんのこと知らねーよ！　で、この名前のことで日本でもちょっとした騒動になったね。大分県の高崎山自然動物園が、赤ちゃんザルを王女にちなんで「シャーロット」にすると発表したら、途端に国内から批判が殺到して「猿に王女の名前を付けるとは失礼だ！」って大騒ぎになっちゃった。
太田　でも、その猿だってボスザルの娘なんだけどな。

田中　そういうことじゃねえだろ！　とにかく、「英国王室に対して失礼じゃないか」って五百件を超える抗議がきたらしいね。
太田　で、動物園側も慌てて「キャサリン」に改名したんだよな。
田中　それじゃ意味ねえよ！　同じことだろう！　で、これに対して当のイギリス王室は、何の問題もないって言ってるらしいね。
太田　「猿が猿に何て名前つけようが気にしない」って言ったんだよな。
田中　そんな差別的なことを言うわけねえだろ！　「どんな名前をつけるかは動物園の自由」って言ったんだよ！　それから最近は、お笑い芸人の熱愛報道が続いてるよね。なんと言ってもビックリしたのは、アンジャッシュの渡部建と女優の佐々木希さんの熱愛だよね。これは芸人としては大金星だよな。佐々木希さんと言えば、世界で最も美しい顔百人に選ばれるような美人だからね。
太田　でも、渡部だってアンジャッシュで最も美しい顔二人のうちの一人だぜ。
田中　当たり前だろ！　二人しかいないんだから！
太田　もう一人の〝オジマ〟は変な顔だしな。
田中　児嶋だよ！　何で俺があいつの代わりに言わなきゃいけないんだよ！
太田　しかし、二人の馴れ初めっていうのが凄いんだよな。

田中　そうなの？　どんな馴れ初めなの？

太田　渡部がマネージャーに電話したつもりが、間違って偶然、佐々木希さんにかかっちゃったらしいんだよ。ところが、佐々木さんも渡部っていう他の知り合いがいて、その人と勘違いして、ずーっとそのまま切らずに話が盛り上がっちゃったらしい。

田中　それ、アンジャッシュのすれ違いコントじゃねえかよ！　そんなわけねえだろ！

太田　で、それを中国にパクられて……。

田中　なんだそれは！　たしかにアンジャッシュのネタはよく中国でパクられてるけど！　関係ねえだろ！　それから驚いたのは、バナナマンの日村勇紀とアナウンサーの神田愛花さんの交際が発覚したね。なんと、アプローチしたのは神田さんのほうだったらしいね。

太田　あどねぇ、ボクねぇ、ヒムラと付き合いたいんだぁ！

田中　それ、日村がやる子供時代の貴乃花じゃねえか！　とにかく、神田さんのほうから食事したいって言ったらしいね。

太田　よっぽどお腹減ってたんだろうな。餓死寸前とか……。

田中　そういうことじゃねえんだよ！　二人で写真誌に撮られてたのが、マンションのバルコニーから下を覗きこんでいるところなんだけど、どうやら救急車で運ばれていく人を見てた時だったらしいね。

太田　その運ばれていく人は、日村を見て気絶した人だったんだけどな。

田中　どういうことだよ！　いい加減にしろ！

2015.8

田中　橋下徹大阪市長が掲げた「大阪都構想」の是非を問う住民投票が行われて、惜しくも反対多数で廃案となり、翌日、橋下さんが記者会見をして政界を引退すると表明したけど、なんとも清々しい晴れやかな表情だったね。

太田　ウンコした直後だったらしいね。

田中　そんなことねえよ！　いきなり下ネタかよ！

太田　前の日から美爽煌茶《びそうこうちゃ》飲んでたらしい。

田中　なんだよ、それ⁉

太田　「飲んだ明くる日からどっさり！　もう嬉しくて思わず出たよー！　って叫んじゃいました」って。うるせえ！　そんなこと報告するな！

田中 テレビショッピングでやってる便秘解消のお茶じゃねえか！ 唐突に何だよ！

太田 「飲み出してから毎日どっさりなんです！」って、頼むから食事中にあのＣＭやるのやめてくれないかな？

田中 関係ねえだろ！ いまは橋下さんの話をしてるんだから。投票数は反対が七十万五千、賛成が六十九万四千とわずかな差で、反対のほうが上回ったんだよね。

太田 ちなみに、ＡＫＢ48総選挙の総得票数は三百二十八万票で圧勝だけどな。

田中 だから関係ねえだろって言ってんだよ！ それにしても橋下さん、本当に政治家を辞めちゃうのかね？

太田 別に、辞めへんでもええんとちゃうんかいな？

田中 なんで突然、関西弁になるんだよ！ 橋下さんについて話す気ねえだろ！ 話題変えるよ！ 最近、連日ワイドショーでやってるのが片岡愛之助さんの話題だよね。

太田 ああ、くまぇりと別れる別れないの話な。

田中 熊切だよ！ くまぇりは熊田曜子に憧れてブログ書いてて、放火して捕まった奴だよ！ こんなこと説明させるな！ 愛之助さんと熊切あさ美ちゃんの言い分が食い違ってるんだよね。愛之助さんは「もう別れた」って言ってて、熊切さんは「別れてない」って言ってて……。

太田　高橋ジョージは「別れたくない」って言ってて。
田中　高橋ジョージさんは関係ねえよ！
太田　クリカン（栗田貫一）は「殺してもいい？」。
田中　いいよ、もう！　そもそもこの騒ぎは、愛之助さんが藤原紀香さんの家に泊まったのを週刊誌に暴露されたのが発端だったんだよね。
太田　それは決定的だな。
田中　でも、愛之助さんは紀香さんとの交際は否定してるんだ。たしかに家には行ったけど、酸素カプセルを貸してもらっただけだって。
太田　凄い！　そんな理由があるんだ。初めて聞いた言い訳だな。
田中　言い訳って言うな！
太田　でも、いま一番酸素が必要なのは熊切だと思うけどな。
田中　いいんだよ！　そんなこと言わなくて！　実際のところ、どうなってんだろうね？
太田　まあ、男と女のことは本人同士にしかわからないことで、他人がとやかく言うと余計ややこしくなるからな。
田中　そうだろうけどね。

太田　二人で直接会って話し合うのが一番なんだよ。もし会いづらいっていうことだったら、俺がその場をセッティングしてもいいし。
田中　お前はしゃしゃり出てくるんじゃねえよ！　どっちとも関係ねえだろ！　一番ややこしいんだよ！　可哀想だったのは、熊切さんがテレビに出て別れたつもりはないって涙ながらに語ったら、「売名行為だ」とか「わざとらしい」とかって書き込みでネットが炎上しちゃったらしいね。
太田　ちなみに、くまぇりは炎上させた人だからね。
田中　だから、くまぇりは関係ねえんだよ！　たしかに放火したけど！　しつこいよ！
太田　炎上したのが熊切。させたのがくまぇり。紛らわしいんだよな。
田中　お前が紛らわしくしてんだよ！　それから何と言っても、連日、国会で繰り広げられてるのが安保関連法案の審議だよね。白熱して、民主党の辻元清美議員に対して安倍総理が野次を飛ばして問題になったりしたね。
太田　辻元議員の話を遮って、「早く質問しろよ！」って叫んでな。それで辻元さんが怒って質問したら、今度は「その質問、聞こえませーん！」って。
田中　友近のやる小柳ルミ子の真似じゃねえか！　そんなことは言ってねえよ！　そ

れにしても、辻元議員も国会でのやりとりが話題になることが多いよな。

太田　たしかにな。鈴木宗男さんに対して「あなたは疑惑の総合商社です！」って言ったり、小泉純一郎さんに「総理！　総理！　総理！　総理！」って何度も呼びかけたり、「これはうちわですか⁉」って問いかけたり。

田中　最後のは蓮舫だよ！

太田　どっちにしろ、ベリーショートじゃねえか！

田中　いいだろそれは！　自民党の説明はたしかにわかりにくい部分があって、内部でも見解が食い違ってたりするんだよね。中谷元《げん》防衛大臣と安倍総理の解釈が微妙に違ってたりして、そこを民主党が突っ込んで中谷大臣に質問したら、安倍さんが後ろから大臣に耳打ちしたりしてたね。

太田　それで民主党が「何やってんだ！」って言ったら、総理が「後方支援です」って言ってたな。

田中　そんなうまいこと言わねえよ！　でも、これは本当に難しい問題だよね。自衛隊のリスクが拡大するかどうかについても解釈が食い違ってて、片やリスクは広がらないって言うんだけど、実際に自衛隊の活動範囲は大きくなるわけで、日本の周辺だけじゃなくて必要とあらばホルムズ海峡から、さらに地球の裏側まで行けちゃうわけだからね。
太田　その裏側に金正恩《キムジョンウン》が来ちゃう場合もあるだろうしな。
田中　そういう問題じゃねえんだよ！　自民党はよくイラストが描いてあるフリップで説明してて、あれも情に訴える部分がある。赤ちゃんを抱いた日本人のお母さんがアメリカの艦船に乗ってる絵で、「そこを攻撃されても何もしないのか？」って言うんだよね。
太田　たしかに、あの絵を見たら誰だって守らなきゃって思うもんな。もっと偏らない説明をするんだったら、あの日本人のお母さんの隣りにデーブ・スペクターのイラストも載せるべきだよな。
田中　何でだよ！　それでどうなるんだよ！
太田　「これでも守らなきゃいけないんですか？」って。
田中　守ってやれよ！　しかし、自民と民主党の対立はどんどん激化してってるよね。
太田　このままエスカレートしてそのうち乱闘になって、最終的には自衛隊が出動することになったりしてな。
田中　そんなわけねえだろ！
太田　そこが戦場になっちゃって、「俺たちはいままでいったい何を話し合ってきたんだ？」ってみんな途方に暮れちゃって……。
田中　何の話だよ！　いい加減にしろ！

2015.9

田中　二〇二〇年東京オリンピックのメイン会場となる新国立競技場に関して、ゴタゴタしてるね。当初のデザインでは予算も時間も間に合わなくて、屋根をつけないなんて案も出たりして都知事の舛添要一さんは怒ってたね。
太田　「競技場に屋根がつかないなんて考えられない！」って言ってたけど、「その前にお前の頭はどうなってんだ？　何もついてないじゃないか！」って言われてたね。
田中　言われてねぇよ！　失礼なこと言うな！　開閉式の屋根はオリンピックのあとにつけるみたいだけど、それはそれで大変そうだね。「雨降ったらどうするのか？」とか。
太田　選手全員分の傘が必要だしな。
田中　そういうことじゃねぇよ！
太田　陸上なんか雨降ったら大変だぜ。ウサイン・ボルトが傘さしながら走ったりして。あいつ速いから、傘さして走ったら途中で飛んでっちゃうかもしれないしな。
田中 飛ぶか！
太田 それで、屋根がなかったら競技場出て空まで行っちゃって、お前は『メリー・ポピンズ』か！　って。
田中 そんなことになるならそっちのほうが見たいよ！　でも結局、総工費が当初の予定から大幅に増えて二千五百二十億円になるらしいね。
太田 どうやって集めるんだかわからないけど、その費用のしわ寄せが選手にいかないようにしてほしいよな。
田中 しわ寄せが選手にいくって、どういうことだよ？
太田 水泳陣がみんな紙パンツで泳いだりして。
田中 ありえねえだろ！
太田 ゴールした時は溶けちゃって、みんなフルチンで「金獲得です！」なんて。
田中 バカか！
太田 卓球も旅館の浴衣でやったりして。
田中 なんでそうなるんだよ！　予算がなくたってそうはならないだろ！
太田 国立競技場を新しくするのはいいけど、我々としては国立演芸場も新しくしてほしいよな。もう倒壊寸前なんだから。

田中　そんなことねえよ！

太田　二〇二〇年でも、まだチャーリーカンパニーが親父と息子のコントやってたらどうすんだよ？

田中　いいだろ、別に！　たぶんやってるよ！

太田　凸凹一番《でこぼこいちばん》・二番《にばん》も？

田中　うるせえ！　そんな芸人さんの名前出したって誰もわからねえだろ！　っていうか失礼なツッコミさせるな！　あと最近、話題になってるのが自民党の勉強会での発言だよね。「マスコミを懲らしめなきゃならない」って大西英男議員が発言して、続けて「それには広告収入を減らすのが一番だから、経団連に言って広告主に圧力をかけるべきだ」って言っちゃたんだよね。

太田　たしかにこれは問題発言だけど、「そうやって圧力をかければどうにかなるっていう前提にされた経団連やスポンサーが、これに対して何の反論もしないというのは相当腰抜けだな」って言ったら、俺が誰かに懲らしめられるのかな？

田中　そのとおりだよ！　だからそういうこと言うな！

太田　お前が「言え」っていうから……。

田中　なに、人のせいにしてんだよ！　お前が俺の言うことをきくわけねえだろ！　そのなかで作家の百田尚樹さんが、「間違ったことを書いてる新聞は潰さなきゃいけない」って言ったこともかなり波紋を呼んでるね。

太田　かわいそうだな、『東スポ』。

田中　『東スポ』じゃねえよ！　沖縄の二つの新聞だよ！　百田さんはあくまでも冗談で言ったことだって言ってるんだよね。

太田　冗談だからって、何を言っても許されるもんじゃないよな？

田中　お前にだけは言われたくないよ！

太田　百田さん、作家としては素晴らしい作家だからね。『永遠の0』って自分の髪の毛の話なんだけど……。

田中　違うよ！　だからそういうこと言うのをやめろって言ってんだよ！　あと最近の話題で言うと、名古屋のゴミ屋敷の男性だよね。家中ゴミだらけで……。

太田　あの人、すっかり有名になっちゃったな。でもあれ、自分ではゴミじゃないって言ってるんだよな。「資源です」って。どう見てもゴミだけどな。

田中　まあね。

太田　で、家はそのゴミでいっぱいになっちゃって追い出され、自分は外で生活してるってわけわかんないよな！

田中　たしかにな。

太田　レポーターから「家に入れなくて不便でしょ？」って訊かれて、「いいんだよ、俺なんかゴミみたいなもんだから」って答えてたな。

田中　どういうことだよ⁉　よく取材クルーとモメたりしてるよね。

太田　クルーに向かって、「そうやって三脚立てて取材するのはいいけど、終わったら綺麗に片づけて帰れよ！」って怒鳴ってたな。

田中　お前が言うな！　って話だろ！

太田　ＡＤがカンペ置き忘れたりすると、「おい！　ゴミ拾え！」って。

田中　他人のゴミにはやたら厳しいな！　他にもああいう人がいて、なかには裸で近くの公園で体洗ったりして、近所の人が困ってるんだよね。

太田　子供もいたりするからな。で、近所の人が「ちょっと！　そんな格好でウロウロしないでください。子供もいるんですから」って注意したら、「安心してください。穿いてますよ」ってちゃんとパンツ穿いてた。

田中　とにかく明るい安村のネタじゃねえか！　いい加減にしろ！

2015.10

田中　フリーアナウンサーの山岸舞彩《まい》さん、女優の尾野真千子さんが相次いで結婚して、ここのところ芸能界は結婚ラッシュだよね。

山口　本当ね。私たちはどうなるのかしら？

田中　やめろ！　勝手に名前を変えてネタにするな！

太田　まあまあ、ケンカしないで。ところで君たち、本当のところはどうなってるの？

山口　もう少し、そっとしておいてほしいんです。

太田　そうなのか。まあ、二人の問題だからね。あんまり周りでギャーギャー騒ぐのはやめておくよ。な？　田中もそれでいいだろ？

田中　まあね……ってお い！　この方式やめろ！　何で三人の会話になってんだよ！お前が一番状況をややこしくしてるだろ！

山口　あなた、そんなに怒らないで。

田中　しつこいよ！

2015

太田　それにしても人の結婚のこと、ああでもない、こうでもないってゲスの勘ぐり入れてくるマスコミって本当に面倒くさいよな。

田中　お前が言うな！

太田　ここまで報道されて、そっとしておいてくださいってのは何か事情があるのかな？　やっぱり、玉一個っていうのがネックになってるのかな？

田中　それこそがゲスの勘ぐりなんだよ！　まぁとにかく、芸能界もいろいろニュースがあったね。なんといっても凄かったのは、ピースの又吉直樹の『火花』が芥川賞を受賞したことだよね。お笑い芸人が受賞するのは快挙って言われてるよね。

太田　たしかに。言ってみれば、石原慎太郎がR―1グランプリで優勝するようなもんだからな。

田中　何だかよくわからないよ、その喩え！　しばらく又吉フィーバーは続きそうだよね。累計発行部数は二百万部を超えるっていうんだから凄いよね。

太田　でも、マスコミや世間も、芥川賞を獲った途端にコロッと態度を変えるのはどうかと思うよな。いままで又吉様のこと、見向きもしなかったのに。

田中　一番態度変えてるのはお前だよ！　又吉様なんて呼んだことなかったろ！

太田　でも俺たち、ピースに憧れて漫才師になったじゃん。

田中　俺達のほうが先輩だよ！　お前はプライドの欠片《かけら》もないのか！　それからずっと問題になってるのが、新国立競技場だよね。結局、安倍首相は計画を白紙に戻すって表明したね。

太田　あのデザインをしたジャバ・ザ・ハットさん、かわいそうだね。

田中　ザハ・ハディドだよ！　ジャバ・ザ・ハットって『スターウォーズ』に出てくる怪物じゃねえか！

太田　森喜朗元首相はザハさんのことを見て、「生ガキがドロッと垂れたみたい」ってまた失言しちゃったよな。

田中　あれはザハさんのことじゃなくて、ザハさんがデザインした競技場のことを言ったんだよ！　たしかに失言だけど、いまのお前のほうが大失言だよ！　それから最近、また新たな問題として持ち上がってるのが、東京五輪のエンブレムのロゴの問題だよね。ベルギーのデザイナーが使用差し止めを求める訴えを起こすって言ってるんだよね。

太田　ザハさんも忙しいな。

田中　これはザハさんじゃねえんだよ！　オリビエ・ドビさんって人だよ！

太田　ザハだのドビだの……これでもう一人、ドバって奴が出てきたら完璧だな。

2015

田中　何が完璧なんだよ！　でも、一方の五輪ロゴをデザインした佐野研二郎氏は、盗用疑惑を事実無根としてて、ＩＯＣも問題ないって言ってるんだよね。

太田　たしかに、佐野さんのデザインはまったくコンセプトが違うからな。あれは日の丸の赤とアルファベットの〝Ｔ〟をモチーフにしてて、しかも〝Ｔ〟には三つの意味があるんだよな。〝東京〟〝ＴＯＭＯＲＲＯＷ〟〝盗作〟と……。

田中　そんなわけねえだろ！　でも、この問題はまだまだ長引きそうだよね。ベルギーで使用停止ってことになったらどうするんだろうな？

太田　日本側としては、「ベルギーワッフル販売禁止」ってことで対抗するらしいな。

田中　何の意味もないだろ！　その対抗策！　それから政治的に大きな出来事としては、安倍首相が集団的自衛権の限定行使を認める安保法案を衆議院の特別委員会で強行採決して、現場は大混乱になってたね。民主党はプラカード持って抗議して。

太田　蓮舫がそのプラカードを指さして、「それはうちわですか？」って訊いちゃったりして。

田中　訊いてねえよ！　これに関しては、安倍さん自身もまだ国民の理解が進んでないということを自覚してて、自らテレビに出てフリップで説明したりしたんだけど、余計わかりにくいって言われたりしてたね。

太田　滑舌が悪くて聞き取れないんだよな。
田中　そこまでじゃないよ！　でも安倍さんの支持率は急落してて、国会前や渋谷とかでも高校生がデモに参加したりして声を上げてるんだよね。「戦争法案絶対反対！」「未来を守れー！」とか言って。
太田　そのくせ、家帰ってＳＥＫＡＩ　ＮＯ　ＯＷＡＲＩを聴いてたりするんだよな。
田中　それはいいだろ、別に！
太田　ノリノリでリズム刻んじゃったりして、「１、２、さぁぁぁぁー〜〜〜ん！」なんて。
田中　それは世界のナベアツだろ！　いいかげんにしろ！

2015.11

田中　何と言っても大きな話題は、なでしこジャパンの澤穂希《ほまれ》選手の結婚だよね。
太田　快挙だな。
田中　快挙って言うな！　お相手は元Ｊリーガーの辻上裕章氏だね。記者会見で「澤さんの好きなところは？」って聞かれて、「笑顔です」って答えてたね。

太田　いいボケかますね。
田中　失礼なこと言うな！　ボケじゃねえよ！
太田　会場、ドッとウケてたぜ。
田中　ウケてねえよ！　みんな心から祝福してたよ！　明くる日のスポーツ紙は案の定というか、「澤！　ゴール決めた！」っていうようなサッカーに絡めた見出しが踊ってたよな。
太田　そりゃそうだろうな。これからあの夫婦に何かあるたびに、サッカー用語を使った見出しになるんだろうな。
田中　たしかに。それはそうかもね。あんまりよくない話だけど、たとえば旦那さんの浮気がバレた時なんかは、「澤、夫にイエローカード！」とか絶対書かれるよな。
太田　間違いないな。ことあるごとにサッカー用語使われて、「澤、ベッドの上でもボランチか？」とか。
田中　意味わかんねえよ！
太田　「澤！　家ではお風呂でロスタイム？」とかね。
田中　何だその記事！　どっちにしろ、どうでもいいだろ！
太田　妊娠したりしたら大変だろうな。「澤！　ラモスを妊娠！」とか。

田中　事実と違うだろ！　サッカー用語ですらねえし！
太田　生まれたら生まれたで、「ラモス！　トルシエを出産！」って。
田中　もう、澤すら出てこないじゃねえか！　しかも、お前の出してくる人物の名前が古いよ！　それからもう一つビックリしたのが、女優の堀北真希さんの電撃婚だよね。
太田　相手も驚いたよな。ザキヤマだからな。
田中　違うよ！　たしかに、同じ時期にザキヤマも結婚発表したけど！
太田　「キタホリが来るぅ〜！」ってな。
田中　そんなこと言ってねえよ！　誰も堀北さんのこと、〝キタホリ〟なんて呼ばないから！　相手は俳優の山本耕史さんだよ！　こっちもイケメンのモテ男だからね。
太田　〝シリアルキラー〟って呼ばれてたらしいな。
田中　〝共演者キラー〟だよ！　〝シリアルキラー〟だったら殺人鬼じゃねえか！　それにしても、人気者の二人が結婚に到るまでの過程が面白いんだよね。出会ったのは六年前で、その頃からずっと山本さんの片思いが続いていて、全然相手にされなかったらしいんだよね。それで今回、『嵐が丘』って舞台で再会して山本さんが猛アタックしたっていう話なんだよね。舞台では濃厚なキスシーンもあったらしいね。

太田　それだけ思っていた相手とのキスシーンは、山本さんも嬉しかったろうな。もう股間が〝嵐が丘〟になっちゃって。

田中　やめろ！　最低だよ！　そこから山本さんは、何と四十通もの手紙を堀北さんに送ったらしいね。でも、返事は一通も来なかった。

太田　堀北さんったら、読まずに食べたんだよな？

田中　それは黒ヤギさんだろ！　それにしても今時、メールやＬＩＮＥとかではなく、手紙っていうのが古風でいいよね。

太田　しかも、〝矢文《やぶみ》〟だったらしいからな。

田中　そんなわけねえだろ！　忍者か！

太田　堀北さんの顔ギリギリをかすめて壁に刺さったっていう。

田中　危ないよ！　でも、たしかにずっと片思いだったという話も含めて、今風じゃないところがとても好感が持てるよね。

太田　最近の若い奴は何かっていうと、メールだのＬＩＮＥだので簡単に付き合っちゃうからな。

田中　まあ、たしかにそういうイメージはあるよね。

太田　メールで、「付き合う？　いいの？　奴隷だよ？　我慢できる？」なんて。

田中　それは、元自民党の武藤貴也議員のＬＩＮＥだろ！
太田　我々にとっては、待ちに待った人材が出てきたって感じだよな。
田中　喜んでる場合じゃねえだろ！
太田　あいつはネタの宝庫だぜ！　次から次へと、どんどん被せてくるんだから。
田中　たしかに、最初、国会前でデモをする若者たちを「利己的」って非難して問題になったと思ったら、次には未公開株のトラブルで問題になって、そのあと十九歳の少年を金で買ったって暴露されて……。
太田　これでヅラだったら文句なしなんだけどな。
田中　そんなこと期待するな！
太田　別に同性愛だからどうとかってわけじゃなくて、未成年の男の子を買春するっていうのは、政治家としてやっぱり問題だよな。
田中　たしかにね。
太田　武藤議員って、男から見ても可愛い顔をしてるよな？
田中　気持ち悪いこと言うな！
太田　ちょっと、「奴隷になっちゃおうかな？」って思わせるんだよな。
田中　思うな！　でも結局、武藤議員は自民党を離党したんだけど、「それだけでいいのか？」って声も上がってるよね。
太田 自分のツイッターでは、「武藤～離党～ありがとう～オリゴ糖！」って呟いて話題になってたな。
田中 ジョイマンか！　そんなこと呟かねえよ！　いい加減にしろ！

2015.12

田中 最近は、芸能界でビッグカップル誕生の報道が多いよね。
太田 よく自分で自分のこと、ビッグカップルって呼べるな！
田中 別に俺のことを言ったわけじゃねえよ！　他にもいろいろいるだろ！
太田 お前はスモールカップルじゃねえか！
田中 そんな呼ばれ方もしてないけどな。でもたしかに、おかげさまで入籍できました。
太田 六年ぶり二度目だっけ？
田中 甲子園出場みたいな言い方するな！　たしかにそうだけど！
太田 驚くよな、お前が二人の子持ちとは。子供には何て呼ばれてんの？

田中　まあ一応、「パパ」って呼ばれてるよ。
太田　凄いな！　「パパ、シャネルのバッグ買ってよ〜」とか？
田中　その「パパ」じゃねえよ！
太田　しかし、子育てなんてできるのかね？
田中　たしかに、その辺に関しては不安だけどね。
太田　何年かしたら、子育て本とか出版したりして。
田中　それはないと思うけどね。
太田　『積木くずし』とかって。
田中　何でだよ！　最悪だろ！
太田　『親と娘の200日戦争〜娘が悪魔になった日〜』なんてさ、売れるぜ。
田中　売れても嫌だよ！
太田　記者会見で言ってたけど、運動会にも参加したんだって？
田中　そうなんだよ。
太田　〝玉転がし〟かなんかで？
田中　そうじゃねえよ！　観に行ったってだけだよ！
太田　転がされたんじゃないんだ？

田中　そんなわけねえだろ！　なんで玉として参加してんだよ！　ビデオ撮ったりしてたんだよ！

太田　山口もえがテレビの生放送で言ってたけど、実は録画ボタン押せてなかったんだって？

田中　情けないけど、そうなんだよね。

太田　あと、他の子供ばっかり映ってたって言ってたぞ。

田中　そうそう。撮ってるとよくわからなくなっちゃうんだよね。

太田　あははは……って、何だ！　このほのぼのとした漫才は！

田中　さっきからお前が話題振ってんじゃねえか！

太田　俺たちはな！　〝危険な社会派コンビ〟って触れ込みでやってきてんだよ！

田中　自分で言うなよ！

太田　爆笑問題は、ブラックでシニカルな切れ味の鋭い笑いが特徴なんだ！

田中　だから、そういうこと自分で言うな！　恥ずかしいから！

太田　それにしても、お前の人生って波瀾万丈だよな。一生、結婚できないだろうと思ってたらいきなり電撃結婚して、その直後に玉取って、それが落ち着いたら突然離婚して、で今度はいきなり二児の父だぜ。

田中　たしかに、そう考えるといろいろあるね。
太田　これから先もまだあるぜ。子供なんかすぐ大きくなるんだから、今度は子供が結婚して、孫ができて、最終的には長寿世界一で表彰されたりして。
田中　それはそれでいいじゃねえか！
太田　何十人っていう孫やひ孫、玄孫《やしゃご》に囲まれて写真写ってたりして、「結局あいつの人生は何だったんだ⁉」って。
田中　だからいいだろ、別に！　もう俺の話はいいよ！　それよりビックリしたのは、福山雅治さんの結婚だよね。相手は女優の吹石一恵さん。なんでも二人が出会ったのは、吹石さんがデビューしてすぐの時だったらしいね。
太田　福山さんが吹石さんの顔を見て、「実に面白い」って言ったんだよな。
田中　『ガリレオ』（フジテレビ系）のセリフか！　そんなんで好きになるわけねえだろ！　それにしても、あの結婚発表の直後は大変な騒ぎだったよね。〝福山ショック〟とか〝ましゃロス〟とかいう言葉も聞かれたね。
太田　あれは驚いたな。福山って、いつから「ましゃ」って呼ばれてたのか？　って。
田中　驚いたの、そこかよ！　それにしても、〝〇〇ロス〟っていうのは最近、よく聞くよね。『あまちゃん』が終わった時は〝あまロス〟だったし、『笑っていいとも！』が終わった時は〝タモロス〟なんて言われたし。
太田　よく調べて見ると、最初に言われたのはイギリス王室のダイアナ妃が亡くなった時だったらしいな。
田中　そうなの？
太田　〝ダイアナ・ロス〟。
田中　それが言いたかっただけだろ！
太田　今回の田中の件は、〝ティナ・ターナー〟って言われてるしな。
田中　もう、ロス関係なくなっちゃったよ！　ただの女性歌手の名前だろ！　しかし、福山結婚って報道が出た時は、日本中の女性ファンから悲鳴があがったね。「明日、会社休む」とか、なかにはヤケ酒を飲むなんて人もいたらしいね。
太田　まさに〝桜酒〟だな。
田中　うまくねえよ！　他にも、千原ジュニアや麒麟の川島明とかも結婚して、〝かぶり婚〟なんて言われたよね。あと最近では、北川景子さんとＤＡＩＧＯも「入籍か？」なんて話題になってるし、何と言ってもビッグなのは、片岡愛之助さんと藤原紀香さんも噂になってるからね。
太田　こっちは〝かぶき婚〟な。

田中　そんな言い方してねえよ！

太田　それにしても最近、芸能人って結婚しかしてねえよな？

田中　何だよそれ！　そんなことねえよ！

太田　ちゃんと芸能しろ！

田中　してるわ！　いい加減にしろ！

2016

2016.1

田中　今年もハロウィンが大盛り上がりだったね。渋谷のスクランブル交差点が凄いことになってたもんね。

太田　あれは自分たちは楽しいだろうけど、関係ない人間にとっては迷惑でしかないよな。

田中　まぁ、たしかにね。

太田　普通に仕事をしている人もいるわけだからね。俺もちょうどあの日、あの辺で用事があって行ったんだけど、もう全然進めなくて！

田中　わあ、そりゃ大変だったね。

太田　結局、カボチャのケーキを一個買うのに六時間ぐらいかかって。

田中　ハロウィン楽しむ気、満々じゃねえか！

太田　しかも、こっちはマリオの格好してるんだよ！　立ち往生しちゃって、恥ずかしくてしょうがないよ！

田中　完全に参加してんじゃねえか！　まあ、普通に楽しむだけならいいんだけど、ああいう時って必ず悪い奴が出てくるんだよね。あの日も、痴漢が多発したらしいからね。
太田　警察に連れて行かれて「いや、これは痴漢の仮装なんです！」って言い張ってたりしてたな。「ほら！　スケベなオヤジ風に見えるでしょ⁉」なんて。で、警官に「それは無理だよぉ〜」なんて言われて。
田中　なんだ、そのバカな奴。
太田　結局、最終的には白状して。「お菓子くれなかったから、イタズラしちゃいました」って。
田中　「トリック・オア・トリート」か！　通用するわけねえだろ！　あと、警察官をエアガンで叩いたっていう奴も逮捕されてたね。
太田　エアガンで叩いちゃダメだよな。撃たなきゃ。
田中　撃っちゃダメだろ！
太田　何のための銃なんだ！
田中　そういう問題じゃねえよ！　それにしても、ハロウィンのコスプレってどんどんリアルになっていくよね。
太田　たしかに。友達とコスプレをしてハチ公前で待ち合わせしていて、時間になっても全然来ないからどうしたのかな？　って思って、ふとハチ公を見たら、銅像が「よぉ」って前足上げたりして。

田中　そんなにリアルなのかよ！　じゃあ本当のハチ公、どこにあるんだよ！

太田　ゾンビなんかも年々リアリティが増していって、最近じゃ警官が何発撃っても起き上がってくるらしいな。

田中　それ、本物じゃねえかよ！　とにかく、ハロウィンはどんどん規模が増していくよね。

太田　渋谷だけじゃなくて全国規模だもんな。なかには日本中がハロウィンパーティーやってる時に、間違って一人だけコカインパーティーやっちゃったアイドルもいたし。

田中　関係ねぇよ！　あと最近の話題といえば、十月からマイナンバーの通知が始まったけど、制度に関してはいまだに賛否両論あるよね。国民一人ひとりがそれぞれ十二桁の番号を割り振られて管理されるのは、いろんなことが便利になるっていう意見もある一方で、番号で管理されるのは嫌だっていう人もいるからね。

太田　「もう番号で呼ばれるのは懲り懲りだ」ってマーシー（田代まさし）も言ってたな。

田中　言わねえよ！

太田　「シャバでもかよ！」って。

田中　だから言わねえって言ってんだろ！　それから早くも問題になっているのが、いわゆる「マイナンバー詐欺」だよね。老人の家なんかに突然、電話が来て「あなたのマイナンバーが流出したので、登録抹消のために現金を振り込んでください」って言われるんだよね。

太田　そんなこと、絶対にあり得ないからな。

田中　そうなんだけど詐欺も手が込んでて、劇団みたいに何人もグルになって、最初は役所の職員役から電話がきて、それを信じなかったら今度は警察役の奴から電話がきたりするんだよね。

太田　それも信じなかったらまた別の役がかけてきて、どんどんエスカレートして最終的には安倍総理役の奴から電話がきて。

田中　エスカレートしすぎだよ！

太田　「どうも、安倍ですけど」なんて。それでみんな信じちゃうんだよな。

田中　何で信じるんだよ！

太田　「総理が言うんじゃ間違いない」って。

田中　バカなのか！　あと、なかにはマイナンバーが始まったら困るっていう人もいるんだよね。たとえば、会社に内緒で副業している人はバレちゃう可能性があるんだよね。ＯＬさんなんかでは、内緒で夜、水商売してる人とかは会社にわかっちゃう。

太田　ある日、会社に行ったら突然、役員室に呼ばれて、上司から「君、夜はキャバクラで働いてるみたいだね？」なんて問い詰められて。

田中　ああ、それは万事休すだね。

太田　仕方ないから「はい」って答えたら、「僕が常連客だってことはくれぐれも内緒だよ？」。

田中　何だよ、その上司！

太田　「頼むよ、明美ちゃん！」なんて。

田中　コントか！　今年も流行語大賞のノミネートが発表されたけど、やっぱり「福山ロス」っていうのが入ってたね。福山結婚はインパクトが大きかったんだろうね。

太田　たしかにな。でもよくよく考えてみたら、きっと福山も吹石一恵さんのご両親に挨拶とか行ったんだろうなって思うと凄いよな。「娘さんを僕にください！」とかってやったのかな？

田中　ドラマのワンシーンみたいだね。

太田　で、思いのほか吹石さんの親父さんも頑固だったりして、「お前みたいなどこの馬の骨ともわからない奴に大事な娘をやれるか！」なんて。
田中　福山だよ！　どこの馬の骨じゃねえだろ！
太田　「そもそも、君は仕事は何をやってるんだ？」って。
田中　知らねーのかよ！　福山だぞ！
太田　「はい、役者とミュージシャンです」って言ったら、「いつまでそんな夢みたいなこと言ってるんだ！」。
田中　夢じゃなくて、どっちも大成功してるよ！
太田　「そんなもんで食っていけると思ってるのか！」。
田中　もうこの先、永遠に食っていけるよ！　いい加減にしろ！

2016.2

田中　今年の流行語大賞に選ばれたのは二つで、一つは「爆買い」、もう一つが「トリプルスリー」だったね。後者はプロ野球で使われる用語で、打者としての成績なんだよね。

太田　そうそう。打率が三割以上、本塁打が三十本以上、賭博の勝ちが三百万以上っていう……。

田中　違うよ！　たしかに野球賭博は問題になってるけど、それを成績に入れちゃったら大問題だろ！　意外だったのは、大賞だろうと言われていた「五郎丸ポーズ」がとらなかったことだよね。

太田　まあ、下ネタだからな。

田中　下ネタじゃねえよ！

太田　浣腸って、俺が子供の頃から流行ってるし……。

田中　だから、浣腸じゃねえって言ってんだよ！　あれは五郎丸選手のルーティーンの仕草なんだよ！　それから、安保法制の時の国会前デモで話題になった「SEALDs」もノミネートされたんだけど、大賞にはならなかったね。

太田　早速、明くる日、デモしてたな。

田中　してねえよ！　そんなことでデモしねえよ！

太田　ラップ調で「流行語大賞なんかいらない！」って。

田中　あと、候補に挙がってたのが「一億総活躍社会」。

太田　これは安倍さんの言葉だけど、要するに日本国民全員が活躍できるような社会にするってことなんだけど、そんな夢のようなこと、できるのかね？

田中 まあ、いろいろ難しいだろうけど。

太田 自民党ですら安倍さんしか活躍してないのに……。

田中 そんなこともないだろ！

太田 あと、これは石破茂さんが言った言葉で、「自民党、感じ悪いよね」ってやつもノミネートされてたけど、あの人見てると本当にそうだなって思うね。

田中 そんなことないだろ！

太田 お前が一番感じ悪いんだよ！

田中 やめろよ！

太田 あの目つきがどうもな……。

田中 うるさいよ！　あと驚いたのは、あの兵庫県の野々村竜太郎県議が裁判直前になって欠席したって話題だよね。裁判が始まっても来なかったっていう。

太田 裁判長、号泣しちゃってたな。

田中 しねえよ！

太田 「一所懸命準備したんですぅ！」って。

田中 野々村さんと同じじゃねえかよ！

太田　でも弁護士によると、本当に直前まで綿密に打ち合わせしてたらしいからな。
田中　そうらしいね。
太田　どのタイミングで手を耳に当てるかとか、どうやってコップの水を隠すかとか……。
田中　そんな打ち合わせをしてどうすんだよ！　野々村議員もそうだけど、最近では議員の不祥事というか、資金の使い方なんかで問題が続出してるよね。ビックリしたのは、小見山幸治《よしはる》議員が政治資金でライザップに通ってたって話だよな。これにはさすがに批判が殺到したね。
太田　事務所に苦情の電話、凄かったらしいな。「自分の金でやれ！」「国民の税金を無駄にするな！」「有権者をバカにしてんのか！」「ライザップって本当に痩せるのか⁉」。
田中　おい！　最後の奴、どさくさに紛れて何を聞いてんだよ！
太田　でも、小見山議員なんかまだいいほうだよ。一応、お金払ってるから。生島ヒロシさんなんて、ライザップ行って金もらってるんだからな。
田中　ＣＭなんだからそれはいいんだよ！
太田　そのうえ、気持ち悪くなってるんだぜ。

田中　そういうこと言うな！　他にも、高木毅復興大臣のお金の問題とかもあるね。あの人は他にも、週刊誌に「過去に下着泥棒した」って記事が出て、それも大騒ぎになったね。まあ、本人はハッキリ否定してるんだけど。

太田　でも噂とはいえ、一回そういうことが出ちゃうと、政治家としてはかなりのダメージだよな。イメージが大切だから。あの人がパンティーを頭に被ってるところを想像しちゃったら、もう次の選挙で入れる気にならないもんな。

田中　そこまで想像しなくてもいいよ！

太田　支援者にはそんなことはしてない、って説明したらしいけどな。「パンツ被るなんてことしてないですから安心してください、穿いてます！」って。

田中　穿いてんのかよ！　とにかく明るい安村のネタだろ！

太田　被ってんのは別のものです。

田中　それはやめろ！　あと最近、問題になってるのは、〝ブラックバイト〟だよね。

太田　ああ、松崎しげるとか、みのもんたが募集してるバイトだろ？

田中　違うよ！　顔が黒いってだけだろ！　募集の条件とは違う苛酷な労働を強いられて、でも辞めようとすると脅迫されたりして。

太田　たしかに昔から、求人要項と全然違う内容のバイトとかあったよな。楽そうに見えて、行ってみたらやたらキツかったり。そもそも、求人広告の時点で怪しいのあるもんな。

田中 あったね。

太田 「笑顔が絶えない職場です」って書いてあって、募集先を見たら「吉田葬儀店」とか……。

田中 葬儀屋かよ！　笑ってやれるもんじゃないよ！

太田 あと、「とてもアットホームな会社です──大塚家具」って、嘘つけ！

田中 それはねえよ！　いい加減にしろ！

2016.3

田中 それにしても、年明け早々大騒ぎなのは、ベッキーとゲスの極み乙女。のボーカル、川谷絵音《えのん》さんとの不倫騒動だよね。川谷さんは新婚にもかかわらず、ベッキーとホテルに泊まったり、正月に実家に連れて行って両親と会わせたりしていたらしくて、それを週刊誌に全部暴露されちゃって大変なことになってるね。

太田 俺、この前たまたま川谷さんに会って、「いまの気分はどう？」って訊いたら

「世界の終わり」って言ってたな。

田中　紛らわしいよ！　そんなこと言うわけねえだろ！　そもそも、なんでお前が川谷さんと会うんだよ！

太田　バンド時代の仲間だったから……。

田中　嘘つけ！　お前のバンド時代っていつだよ！

太田　十年ぐらい前かな。よく、対バンとかしたぜ。ゲス乙女とキュウソネコカミとセカオワと俺らで。

田中　最近知ったバンド名並べただけだろ！　じゃあ、お前のやってたバンド名はなんだったんだよ！

太田　〝日本の夜明け〟。

田中　ダサイな！　もろ、世界の終わりに影響受けちゃってんじゃねえかよ！　それにしても今回のスキャンダルは、テレビ業界に与える影響は大きいだろうね。なにしろベッキーは、いまのハーフブームの火付け役で、テレビ番組のレギュラーとＣＭをそれぞれ十本以上抱えている超売れっ子だからね。

太田　ダレノガレ明美がガッツポーズしてる姿が目に浮かぶな。

田中　そんなことねえよ！

太田　ダレノガレの楽屋から、「さあ、今日も始まりました！　『にじいろジーン』（フジテレビ系）！」って声が何度も何度も聞こえてきたって話だぜ。

田中　なに練習してんだよ！　そんなわけねえだろ！　それにしても、週刊誌には相当詳しく二人のことが載ってるんだよね。

太田　だいぶ前から『モニタリング』（TBS系）してたんだろうな。

田中　ベッキーの番組に合わせてうまいこと言わなくていいんだよ！　これだけ大騒ぎになるのも、ベッキーが不倫ってイメージからはほど遠いからだろうね。ちょっとかわいそうなのは、付き合い始めた時は川谷さんが結婚してるってことを知らなくて、少ししてから打ち明けられたらしいね。

太田　言われた瞬間、ベッキーは小型カメラ探したらしいからな。

田中　だから、『モニタリング』じゃねえんだよ！　週刊誌には二人のLINEのやりとりも載ってて、そこでは本名で呼び合ってるんだよね。

太田　「モナちゃん」「二岡君」ってな。

田中　その二人のことはもう忘れてやれ！　二人は離婚のことを〝卒業〟に、離婚届のことを〝卒論〟に譬えて会話してるんだよね。

太田　川谷さんは窓ガラス壊しながら、「この支配からの卒業」って書いたらしいね。

田中　それは尾崎豊だろ！　川谷さんは、「ちゃんと卒論書くから待っててほしい」というようなことを書いているんだよね。

太田　それに対してベッキーも、「うん。待ってる。でも奴隷だよ？　大丈夫？」って返してるんだよな。

田中　それは、元自民党の武藤議員が付き合ってた男性に送ったＬＩＮＥだよ！　それも忘れろ！　それにしても、離婚を卒業と譬えられたら、奥さんとしてはすんなり別れるってわけにはいかない気がするね。

太田　留年かな？

田中　乗っかって言わなくていいから！

太田　中退？

田中　うるさいよ！　でも芸能界からは、ベッキーを励ます声が続出しているね。デヴィ夫人なんかは「恋を貫いてほしい」って言ってるね。

太田　まさに『世界の果てまでイッテＱ』（日本テレビ系）ってことだな。

田中　だから、番組名とかけてうまいこと言わなくていいんだよ！

太田　あ、ベッキーだから『世界の果てまでイッテＢ』か。

田中　どうでもいいよ！

太田　しかし新年早々、ベッキーの不倫と同じぐらい驚いたのが、北朝鮮の水爆実験だよな。

田中　一緒にするな！　たしかにあれは驚いたけどね。突然、北朝鮮が水爆実験に成功したって発表して。水爆っていったら、原爆よりもさらに強力な爆弾だからね。

太田　たしかにあの日、俺の家もちょっと揺れたからな。

田中　そんなわけねえだろ！　どんだけ大規模なんだよ！　でも、アメリカや韓国筋は「震度計の揺れが前回の核実験よりも小さいから、これは水爆じゃないんじゃないか」って言ってるんだよね。

太田　「水風船の破裂じゃないか」ってね。

田中　そこまでは言ってねえよ！　いままで北朝鮮は、核実験をやる時には事前にアメリカと中国には通知してたんだけど、今回はなかったってことで相当、驚いてるんだよね。

太田　サプライズ大成功だな。

田中　そんな暢気《のんき》な話じゃねえんだよ！

太田　きっと金正恩は、みんなの喜ぶ顔を見るのが好きなんだよ。

田中　誰一人、喜んでねえよ！　各国、北朝鮮への制裁を検討中で、金融制裁や入港禁止などの強化をするって話が出てるね。そんななかで日本は、拉致被害者がいるから対応が難しいけど、独自制裁を強化する方向で動いているね。

太田 難しい問題だよね。いままでも制裁をしてきたわけだけど、一向によくならないもんな。何が金正恩にとって辛いことなのか？

田中 たしかにわからないね。

太田 やっぱり、〝刈り上げ禁止〟かな？

田中 そんなわけねえだろ！ いい加減にしろ！

2016.4

田中 それにしてもここのところ、芸能界では次から次へと大きな事件が起こるよね。

太田 ちょっとはこっちの漫才作るペース考えてくんないかな。次から次へと話題を出しやがって、俺たち、いま千本ノックを受けてる状態だぜ。もう受け止めきれないんだよ！

田中 別に、誰もそれで漫才作れって言ってねえんだよ！ 俺たちが勝手に作ってるだけだろ！

太田　ベッキーだってまだ食い足りてない状態なんだから、もうSMAPなんてあんなに大きな話題だったのに、だいぶ前みたいに感じるし。俺、あれで半年は持つと思ってたんだから。
田中　勝手なこと思うな！
太田　事件、起こりすぎだよ！　お腹いっぱいなんだよ。そこへきて、また狩野英孝の彼女が出てきただろ？
田中　ああ、モデルの加藤紗里ちゃんね。
太田　お腹いっぱいのところへ加藤紗里が出てきて、もう戻しそうだよ！
田中　知らねえよ！
太田　しかも何だよ、あの顔は！　もう出オチじゃねえか！　顔がボケになってるんだから、こっちはやりようがないよ！　火の鳥みたいな顔しやがって！
田中　失礼なこというな！　でも、狩野もいま大変だよな。歌手の川本真琴さんと加藤さんと二股かけてたって話で。
太田　いまあの二人、新しい〝かのう姉妹〟って呼ばれてるらしいからな。
田中　呼ばれてねえよ！　そうかと思ったら、今度は自民党で「育児休暇を取る」って言って話題になった宮崎謙介議員が不倫してたって話題が出てきてね。

太田　早いんだよ、出てくんのが！　もう少しあとにしてくれないかな。
田中　だから！　俺たちの漫才に合わせて事件起こしてるわけじゃねえんだよ！
太田　こっちはまだ加藤紗里が消化しきれてないんだよ！　まずアイツを吐き出したいんだよ！　まずあいつを体から全部抜きたいんだ！　そうしないと、宮崎なんか対応できないよ！
田中　向こうも別に対応してもらおうと思ってねえよ！　しかし、あれも大変だね。イクメン議員なんて持て囃されてたからね。
太田　「ラーメン、つけメン、僕イクメン！」なんて言ってな。
田中　言ってねえよ！　完全に狩野英孝に引っ張られちゃってるじゃねえかよ！　あと驚いたのは、元オリックスの清原和博逮捕ね。
太田　清原は仕方ないとしても、一緒に出てきた元同僚の野村貴仁ってのは何だ！
田中　何、怒ってんだよ！
太田　お前は清原より目立っちゃダメだろ！　何だよ？　ヒゲにヘルメットでフラフラしてゴミ屋敷から出てくるって！　主役の座を奪うな！
田中　主役とかそういうことじゃないから！
太田　あいつより面白い漫才なんか作れねえよ！

2016

田中　どういう文句だよ！　それにしても、あの野村って元投手だって、メジャーまでいった凄い投手だったんだけどね。結局、覚醒剤で捕まっちゃって……。

太田　言われてみれば、現役時代に怪しいなって思ったことあるんだよな。

田中　そうなんだ？

太田　うん。マウンド上で、白い粉を持ってた。

田中　それはロジンバッグだよ！　滑り止め！

太田　あれに混ぜてたんじゃないかな？

田中　そんなわけねえだろ！　それにしても、突然の清原逮捕は本当に衝撃だったよね。

太田　俺なんか、ニュース速報見た時、思わず持ってた注射器落としたからな。

田中　お前もやってたのかよ！　誤解を招くようなボケするな！　それにしてもショックだよね。清原っていったら、何といっても甲子園のヒーローだからね。ＫＫコンビなんて言われて。

太田　〝清原・覚醒剤〟な。

田中　そのＫＫじゃねえよ！　桑田（真澄）と清原のことだよ。なんで高校の時からやってんだよ！　清原は取り調べでは、素直に覚醒剤の使用を認めたって話だね。

太田　「そうじゃ！　ワシがやったんじゃ！」ってね。

田中　実際はそんな喋り方しねえんだよ！　ちゃんと丁寧に答えてるって話だよ。

太田　「ＳＡＹ　ＹＥＳ」って。

田中　なんでちょっとうまいこと言おうとしてんだよ！　清原、刺青を入れたあたりからちょっと心配だなって思ってたよね。「ああ、もうジャイアンツに戻る気はないのかな？」って。

太田　そうかね？　雑誌で刺青を見たけど、凄かったもんな。背中一面に長嶋茂雄監督の顔が彫ってあって……。

田中　そんなわけねえだろ！

太田　右肩にジャビット君が入れてあるんだよな。

田中　巨人に戻る気満々じゃねえか！　でも、それじゃ戻れないけどな！　これから清原はどうなっちゃうんだろうね？

太田　球界には戻れないかもしれないけど、ちゃんと罪を償って、地味でいいから真面目に生活してほしいね。お店でもやってさ。

田中　たしかに、真面目に商売するのはいいかもしれないね。

太田　ドラッグストアとかやって。

田中　何でよりによって、ドラッグストアなんだよ！

太田　〝シャブキヨ〟とかって。

田中　「マツキヨ」みたいに言うな！　そんな店、誰が入るんだよ！　いい加減にしろ！

2016.5

田中　高市早苗総務大臣が発した「テレビが政治的に公平性を欠いた放送をすれば電波停止もありうる」というコメントが、波紋を呼んでいるよね。

太田　自分が電波停止みたいな顔してるけどな。

田中　そういうこと言うな！　お前の発言が一番、電波停止だよ！　この高市大臣の発言に怒った、報道番組などに出ている田原総一朗さんたちが、「私たちは怒っています！」って横断幕も作っていたね。

太田　お前、いつも怒ってんじゃねえか！

田中　だから！　そういうことを言うなよ！

太田　ジャーナリストたちで、最終的には〝怒り新党〟っていうのをつくるらしい。

田中　つくらねえよ！　でもテレビ番組なんかも、政治的に公平じゃないといけないっていうことだから、放送局なんかが萎縮するんじゃないかって言われてるよね。

太田　そのうち、バラエティーの編集とかにも政府が口出しするようになったりしてな。イマジカに安倍さんが来ちゃって……。

田中　イマジカって編集所じゃねえか！　そんなわけねえだろ！

太田　安倍さんがディレクターに、「この太田のボケつまんないからカットして、ナレーションで処理しちゃおう」なんて。

田中　なんで安倍さん、そんなに編集馴れてるんだよ！

太田　「あと石坂浩二さんのトーク、全部カットして」って。

田中　『開運！　なんでも鑑定団』（テレビ東京系）で問題になったやつかよ！　もうそれはいいんだよ！

太田　そのうち、国会中継にテロップ入れたりして。

田中　何でそうなるんだよ！

太田　「このあと、安倍総理の暴露話に一同大爆笑！」。

田中　そんな展開あるか！

太田　「運命の国家予算発表で蓮舫が吠える！」とか。

田中　それもないよ！
太田　放送直前に五秒番宣《ばんせん》とかやったりしてね。
田中　ああ、よくやってる「このあとは！」ってやつね。
太田　国会前で議員が全員集まって、安倍さんが「このあとは！」って言ったら全員で手を振り挙げて、「国会中継ーっ！」。
田中　完全にふざけてるだろ！
太田　最後に石破さんが「見てね！」なんてね。
田中　ふざけてんのか！　あと驚いたのが、桂文枝師匠と演歌歌手の紫艶《しえん》さんとの不倫報道だよね。
太田　あれはびっくりしたな。最初聞いた時、椅子から転げ落ちたもんな。
田中　『新婚さんいらっしゃい！』（テレビ朝日系）の師匠じゃねえかよ！　でもあの番組も、この影響でどうなるかわからないって言われてるよね。
太田　これから『不倫さんいらっしゃい！』にリニューアルされるんじゃないかって話だね。
田中　そんなわけねえだろ！　誰が見るんだよ！　それにしても、紫艶さんの足首には三枝ということで、数字の3と4のタトゥーが入ってるっていうんだから凄いよね。

太田　文枝を襲名した時は、さぞかし後悔したろうな。
田中　そんなこと想像しなくていいんだよ！
太田　慌てて5、6、7、8、9、って付け足したりして。
田中　何の意味があるんだよ！　慌てすぎだろ！　それからいま話題と言えば、米大統領選だよね。共和党のドナルド・トランプさんの勢いが凄いね。
太田　あ、海賊王ね。
田中　海賊王じゃねえよ！『ＯＮＥ　ＰＩＥＣＥ』か！
太田　喜劇王か。
田中　チャップリンじゃねえんだよ！　不動産王だよ！　かなり過激な発言で話題で、もし大統領になっちゃったら大変なことになるんじゃないかって言われてるね。
太田　でも最近では、過去の発言も一部撤回したりして、ちょっと安心する部分もあるんだよな。
田中　そうなの？
太田　テロ容疑者に対する拷問での水責めの部分は取り消すって。
田中　その程度か！　拷問はするのかよ！　片や民主党はヒラリー・クリントン議員が有力だけど、もしヒラリーで決まったらアメリカ初の女性大統領ってことになるから、こちらも話題だよね。
太田 そうしたら旦那のビル・クリントンが、男性初のファーストレディーってことになるな。
田中 男だったらファーストレディーじゃねえよ！　意味わかんねえだろ！　それにしても、そうなったら夫婦で大統領ってことになるね。
太田 夫婦でどっちも大統領って凄いよね。
田中 たしかにね。
太田 そこまできたら、もはやバカ夫婦だぜ。
田中 そんなことねえよ！　いい加減にしろ！

2016.6

田中 それにしても残念だったのが、バドミントン日本代表の田児《たご》賢一、桃田賢斗両選手が裏カジノに通ってたって話だよね。オリンピックに向けて最近は日本も頑張ってるからね。いろんなジャパンがあって、カーリング女子が〝クリスタルジャパン〟、競泳が〝トビウオジャパン〟、シンクロが〝マーメイドジャパン〟。そんななかでバドミントンも強かったのに、ちょっと残念なことになったね。

太田　〝カジノジャパン〟って言われてたのにな。

田中　言われてねえよ！　わかってたのかよ！

太田　なんでも「ジャパン」ってつけるのは、ちょっと芸がないな。

田中　たしかに、そういう意見もあるね。

太田　どっかの主婦がブログに「ジャパン死ね」って書いてたな。

田中　それは別の話だよ！　桃田選手は金メダルも狙えた選手だから、残念だよね。

太田　オリンピックに行く前に、すでにカジノでは大量のメダルを手にしてたんだな。

田中　やめろ！　でも今回、ＮＴＴ東日本は、田児選手は解雇ってことにしたけど、桃田選手は出場停止三十日の処分にしたんだよね。リオは無理だけど、東京オリンピックは間に合うんだから、頑張ってほしいね。

太田　会社としても、「桃田選手が一からやり直してちゃんと更生してくれることを望む」って意味で、そういう比較的軽い処分にしたんだろうな。

田中　まあ、そうなんだろうね。あとは、桃田選手のこれからの努力次第だよね。

太田　処分を決めたＮＴＴ東日本の人は、「これも一つのギャンブルです」って言ってたな。

田中　言うわけねえだろ！

太田　「私は桃田の今後に賭ける！」って。だから、それがダメなんだよ！　って言ってるのに。

田中　やめろ！　でも、他にも期待できる競技があるから、これで落ち込んでもいられないよね。飛び込みもいいんだってね、〝翼ジャパン〟って呼ばれて。

太田　〝翼ジャパン〟？　翼があったら飛び込めないだろ、ホワイ！　ジャパニーズピーポー！

田中　何で急に、厚切りジェイソンになってんだよ！　そんななか、バレー男子の呼び名はジャパンじゃなくて、〝龍神ニッポン〟って言うんだよね。

太田　で、女子が〝大林ノッポン〟。

田中　〝ノッポン〟って何だよ！　しかも古いよ、大林素子って！

太田　でもいま、中田久美だってチームの監督だから、そのうち大林も全日本の監督になる日がくるかもしれないじゃないか。

田中　ああ、たしかにね。

太田　大林組とかいって。

田中　建築会社か！　ところで、さっきも話に出たけど、「保育園落ちた　日本死ね！！！」というブログが大きな反響を呼んでるね。
太田　そんなブログを書くなんて、その園児も相当怒ってるね。
田中　大人が書いたんだよ！
太田　大人で保育園落ちたの？　そりゃ腹立つよな。
田中　そういうことじゃねえよ！　このブログがいろんなところで波紋が広がってて。これに対して、安倍さんが「匿名である以上、本当かどうか確認しようがない」って答弁したら、これに怒ったママたちが「保育園落ちたの私だ」ってプラカードを持って、国会前でデモしてたね。
太田　その先頭に立ってたのが山口もえだったな。
田中　立ってねえよ！
太田　「保育園落ちたのは、私の夫だ！」ってプラカード持って。
田中　俺か！　でも、待機児童問題は深刻だよね。全国に二万人とも四万人とも言われているからね、みんな順番待ちで。
太田　そんなにいたら、入園する頃には還暦すぎちゃうよな。
田中　そんなわけねえだろ！
太田　白いヒゲをはやした園児が、「ワシの席はどこじゃ？」なんて。

田中　バカか！　しかも、いまどきの還暦はもっと若いよ！

太田　「結んでひらいて、手を打って♪」ってやったら指を骨折しちゃったりして。

田中　何やってんだよ！　でもこの問題はまだまだ波紋が広がっていて、杉並区の田中ゆうたろう区議が自分のブログに「『保育園落ちた日本死ね』は便所の落書き」だと書き込んで、批判の声が上がってるね。

太田　あれ、お前の兄貴だろ？

田中　関係ないよ！　名前は似てるけど！　それにしても、「便所の落書き」はヒドイ言い方だよね。

太田　他に言い方あるよな。せめて「トイレの神様」とか。

田中　意味が通じねえよ！　それ以外にも、保育園に入ったら入ったでママ友の付き合いとかもあるから、本当に最近のお母さんは大変だよね。

太田　見栄の張り合いとか凄いらしいな。「○○さんのお家、可愛くていいわね〜。ウチなんて全然ダメ。使ってない部屋が三つもあって掃除が大変」とか。

田中　嫌だね、褒めてるようで自分の家の自慢をしてるんだ。

太田　「うちの夫なんて全然ダメ。どこにも連れて行ってくれないの。まったく、大学病院の外科医となんて結婚するもんじゃないわね」なんて。「たまに旅行って言っても、軽井沢の別荘に行くぐらいよ」とか。

田中　うわぁ。夫の悪口にみせかけて自慢ね。

太田　そうすると別のママが、「あら、お宅はまだいいわよ。うちの夫なんかもっとダメ。この前、万引きで捕まって、いま刑務所にいるのよ」。

田中　そいつは本当にダメだろ！

太田　「自分だけ別荘行っちゃって」って。

田中　結構、楽しんでんじゃねえか！　いい加減にしろ！

2016.7

田中　それにしても、熊本での二度にわたる震度七の地震、大変な被害をもたらしたね。いまだに余震は続いていて心配だけど、被災した人たちはみんな頑張ってるよね。その一方で、タレントの紗栄子さんがブログで五百万円を寄付したって報告したら炎上しちゃったりして、なかなか難しいよね。

太田　五百万円も寄付するなんて、立派なことなのにな。

田中　そうなんだけどね。でも心ない連中がいて、「わざわざ金額を言うな！」とか

「好感度上げたいだけだろ」とか、誹謗中傷するんだよね。

太田　なかには、「俺がやった慰謝料じゃねえか！」って書き込みもあったらしいな。

田中　それは完全にダルビッシュ有じゃねえかよ！　そんな書き込みしねえよ！　芸能界からもいろんな人が支援活動をしてるよね。熊本出身のコロッケさんが大量のパンを差し入れしたりして……。

太田　ああ、あれもニュースで見たけど、「コロッケ、パンを差し入れ」って書いてあって、一瞬、〝コロッケパン〟を差し入れしたのかと勘違いしちゃいそうになったな。

田中　そんなことねえよ！

太田　ちゃんと「コロッケが、パンを差し入れ」って書いてくれないと、現場が混乱するから気をつけてほしいな。

田中　いいよ、そんなこと！

太田　こういうことは今後も起こるからね。書き方、気をつけてほしいよな。「吉本ばなな、リンゴを差し入れ」とか。「ん？　何が来るの？　リンゴ？　バナナ？」なんて。

田中　わざと紛らわしくしてるだろ！

太田　その隣りに「椎名林檎、バナナを差し入れ」って記事があって。

田中　完全にわざとだろ！

太田　さらに隣りが「ハイヒールリンゴ、モモを差し入れ」で現場は大混乱、「結局、リンゴがいくつ来るんだ⁉」なんて。

田中　そんなことにはならねえよ！　熊本といえば、我々の仲間のくりぃむしちゅーの二人も熊本だからね。心配だね。

太田　「くりぃむしちゅー、焚きだしで、ビーフシチューを振る舞う」とか余計、紛らわしくなっちゃったりしてな。

田中　いつまでやってんだよ、そのボケ！　でもこういう時、難しいのが、我々みたいなお笑いの仕事でね。人それぞれの意見があって、こういう時は自粛するべきだって人もいるし。

太田　そりゃそうだろ。自粛するべきだよ、笑ってる場合じゃないもん。

田中　たしかにね。それもそうなんだけど、別の意見では、「いや、こういう時こそ、いつもどおり、お笑いをやるべきだ」って人もいて。

太田　ダメだよ。絶対、自粛だよ。漫才なんか、もっての外だよ！

田中　じゃあ、やめちまえ、こんな連載！　お前、いまここで何書いてんだよ！

太田 今回、書いているのは田中です。

田中 嘘つくな！ お前が全部書いてるだろ！ 都合の悪い時だけ俺のせいにするな！ でも本当に様々な意見があって、ホリエモンは出演するはずだったネットのバラエティ番組が中止になったことを「バカげてる」っていうような趣旨でツイートしたら、尾木ママが「自粛するのは当たり前」と反論して、ネット上で言い合いになったりしてるんだよね。

太田 両者ピリピリムードだからな。もしいま、テレビ局の廊下とかですれ違ったら大変だろうな。

田中 そうかもしれないね。

太田 摑み合いのケンカになったりして、「アンタの言ってることおかしいのよ！」「何よ、アンタこそ変よ！」。

田中 何でどっちもおネエ言葉なんだよ！ どっちがどっちだ！

太田 最初が尾木ママで、次がホリママ。

田中 なんで、どっちもママなんだよ！

太田 二人合わせて、〝尾木エモン〟。

田中 わけわかんねえよ！ でもそういう意味では、いま世間は不謹慎なことに対して敏感になりすぎているところはあるんだよね。「不謹慎狩り」なんて言葉ができちゃって、すでに今年の流行語大賞になるんじゃないか、なんて言われてるからね。

太田 そしたら俺なんか、真っ先に狩られちゃうんだろうな。

田中 たしかにそうだろうね。

太田 そんなの流行ったら嫌だな。そのうち床屋行って、「今日は〝不謹慎刈り〟にしてくれ」なんて。

田中 刈り上げの仕方かよ！

太田 両脇刈り上げちゃって、金正恩みたいな頭になって「よっ、不謹慎だねぇ」なんて言われて。

田中 何だよ、それ!?

太田 言われたほうも、「おう、核ミサイル撃っちゃうぞ！」なんて笑って、「さすが！　不謹慎！」と掛け声。

田中 だから！　お前が一番不謹慎なんだよ！　その金正恩が、北朝鮮では三十六年ぶりに党大会を開いて話題になってるね。大会では、金正恩党委員長がいままでになかった格好で登場してビックリしたね。

太田 裸スーツな。あれは驚いた。

田中　ＤＪ　ＯＺＭＡか！　そんなわけねえだろ！
太田　チマチョゴリ？
田中　違うよ！　スーツにネクタイだよ！　お祖父さんの金日成《キムイルソン》を意識してるんじゃないか、って言われてるんだよ。演説では「今年は初の水爆実験と人工衛星の打ち上げを大成功させ、前例のない成果を成し遂げた！」と、核実験と長距離弾頭ミサイルの発射を自らの成果として強調したんだよね。
太田　「大成功！」って書かれたプラカード持って、赤いヘルメット被って敬礼してたな。
田中　『元祖どっきりカメラ』（日本テレビ系）の野呂圭介さんじゃねえかよ！　やっぱりお前が一番不謹慎だよ！　いい加減にしろ！

2016.8

田中　しかし驚いたのが、元ファンキーモンキーベイビーズのファンキー加藤さんが、アンタッチャブルの柴田英嗣《ひでつぐ》の先妻とＷ不倫してたって話題ね。
太田　〝ゲス・ベイビーズ〟って言われてるよな。

田中　言われてねえよ！　何でもゲスにするな！　ファンキー加藤さんは会見で全部認めて謝罪してて、ベッキーの時よりも評判がいいよね。

太田　そうそう。「記事はすべて事実です。自分を支えてくれた〝アモーレ〟に辛い思いをさせてしまいました」ってね。

田中　そんなこと言わねえよ！　「アモーレ」って言ったのはサッカーの長友佑都《ゆうと》選手だろ！　でも、記者からの厳しい質問にも答えてたね。

太田　たしかに、あのモンキー加藤は……。

田中　ファンキー加藤な！

太田　そうそう、ファンキー加藤は記者の質問に対して、「それについては第三者の厳しい目で精査して一日も早くお答えします」って言ってたな。

田中　それは舛添さんだよ！　驚いたのは、加藤さんは柴田ともともと友達で、不倫相手の旦那が柴田と知らなかったらしいね。三人で話し合った時、初めてそれを知ったって……。

太田　その辺はよくわかんないね。で、柴田も柴田で、インタビューで「加藤ちゃんは……」なんて呼んでるんだよな。カミさんの浮気相手をそんな親しげに呼んでる場合じゃねえだろ。

田中　まあね。そこがアイツらしいんだけどね。

太田　「カトちゃん後ろ!」って言ったら、後ろにいたのが自分のカミさんだったたってことだろ?

田中　それはドリフターズの加藤茶さんだろ!

太田　で、カミさんも「ちょっとだけよ」って不倫しちゃって……。

田中　くだらねえんだよ!

太田　しかし三人で話し合うって、なに話し合ったんだろうな?

田中　さあね。

太田　柴田もそこまでするなら、ついでにザキヤマも連れて行けばよかったんだよな。

田中　何でだよ!　メチャクチャになるよ!

太田　で、柴田が〝ベッキー川谷〟に……。

田中　ファンキー加藤な!　わざと間違えてるだろ!

太田　その加藤に、柴田が「もうすぐザキヤマがくる〜!」なんて言って……。

田中　バカか!

太田　で、ザキヤマも来て四人で話し合って。

田中　それこそ、その四人で何を話すんだよ!

太田　で、〝ジャンキー清原〟が……。

田中　ファンキー加藤だよ！　あり得ないだろ、その間違い！

太田　加藤が「このたびは申し訳ありませんでした……」って言ったら、横でザキヤマが「からの～」。

田中　何やってんだよ、そいつら！　でもいま、一番世間を騒がせているニュースといえば、それこそ舛添都知事だよね。

太田　〝ゲス添〟な。

田中　だから、何でもゲス付けるな！　それにしてもいい加減、国民もウンザリだよね。「また政治資金の問題か？」って。

太田　いつまで経ってもなくならないよな。〝政治とハゲ〟の問題。

田中　〝政治とカネ〟だよ！　ハゲは何の問題にもなってねえから！　今回ビックリしたのが、舛添さん、「海外出張にファーストクラスじゃないとダメ」とか言ってるんだよね。

太田　ちょっと常識じゃ考えられないよな。ほとんど病気だぜ。

田中　たしかにね。

太田　〝ファーストクラス症候群〟だな。

田中　そんな病気ねえよ。あと話題となったのが、舛添さんは政治資金で書道用具と一緒にチャイナ服を買ってるんだよね。で、その理由が、チャイナ服を着て書道をするとうまく書けるということらしく、それが適切だったと認められたんだ。

太田　まったく意味わかんないよな。チャイナ服を着ると字がうまく書けるなんて、聞いたことないよ！

田中　本当だよね。

太田　チャイナ服でうまくなるのはピアノだからね。

田中　それも聞いたことねえよ！

太田　チャイナ服を着ると、いままで弾けなかった曲まで弾けるようになるんだぜ。

田中　何だそのボケ？

太田　字がうまく書けるようになるのは、バニーガールの格好だよ。

田中　まったく意味不明だよ！　舛添さんがバニーガールの格好で書道してたら、完全に変態だろ！　それにしても、議会で所信表明を読み上げている時、舛添さんへのヤジとか怒号が凄かったね。「都民は許さないよ！」とか「説明になってないよ！」とか……。

太田　なかに混じって「シェケナベイベー」って聞こえて、後ろ見たら白髪の老人が杖持って立ってたな。

田中 内田裕也さんだよ！　たしかに裕也さん、傍聴にきて怒ってたね。「あいつはロックじゃない、フォークソングだ！」って。

太田 フォークに失礼だっつーの。

田中 たしかに。フォークは何も悪いことしてないからね。あの辺が裕也さんらしいね。それにしても、舛添さんは図太かったね。あそこまで批判されても、粘ってたからね。

太田 街頭インタビューでも、都民がみんな怒ってたもんな。「ありゃダメだべ」「んな都知事はアカン」「辞めてけろ」って。

田中 一人も都民がいねえじゃねえか！　でも、集中審議の一問一答では、それまでのようにはいかなかった。質問も、予めわからないから大変だったと思うよ。

太田 「ところでいま、何問目？」とかな。

田中 『クイズタイムショック』（テレビ朝日系）かよ！

太田 答えに詰まって椅子が回っちゃったりして……。

田中 くだらねえんだよ！　まあしかし、毎日のように次々と新たな疑惑が浮上してきたから驚いたね。喫茶店で切られたある日の手書きの領収書には「一万八千円」って書いてあって、計算すると、コーヒー四十五杯分にもなるんだってね。

太田　その日、一睡もできなかったろうな。

田中　信じるな！　あと最近の話題といえば、なんといっても伊勢志摩サミットだよね。各国の首脳は志摩観光ホテルに宿泊したんだけど、ここは相当な一流ホテルらしいね。

太田　ホテル三日月より上のレベルだから。

田中　舛添さんが泊まったホテルだろ！　いちいち言わなくていいよ！　でも、たしかに高級ホテルだったから、意外と首脳陣も満喫しただろうね。

太田　みんな童心に返っちゃって、夜になったらオバマの部屋に集まって枕投げやったりしてたな。

田中　やるか！

太田　思いっきり枕投げながら、「これ、世界大戦だな！」なんて……。

田中　そんなわけねえだろ！　いい加減にしろ！

2016.9

田中　ここのところ芸能人のスキャンダルが続いてるけど、なんといっても驚いたのは、元俳優の高知東生《たかちのぼる》の事件だよね。

太田　ああ、ラジオの生放送中にアシスタントの女性を蹴っ飛ばしちゃったんだよな。

田中　それは別の人だよ！

太田　番組名は「高知東生の聞いてたか〜ち」。

田中　「みや〜ち」だよ！　「宮地佑紀生《ゆきお》の聞いてみや〜ち」、間違えようがないだろ！　高知東生は、覚醒剤と大麻所持で捕まったんだよ！　しかも捕まった場所が悪かった。

太田　〝シャブホテル〟な。

田中　ラブホテルだよ！　高知は逮捕される時、警察に「来てくれてありがとうございます」って言ったらしいね。

太田　かなりラリってたんだな。

田中　そういうことじゃないだろ！　どこかで「早く捕まってしまったほうが楽になれる、って気持ちもあったんじゃないか」って言われてるんだよ！

太田　そうかね？　でも、ずっと壁に向かって頭下げてたらしいぜ。

田中　だとしたらラリってるけど！　そんな話はねえよ！　その時、一緒にいたのは、五十川《いそかわ》敦子っていう元レースクイーンで、高知は五十川のことを「愛人と思われても仕方ないが、知人です」と言ったって話だよね。

太田　いくらなんでも、ホテルに一緒にいて「知人」は通らないよな。

田中　たしかにね。

太田　そりゃ、「知人」と言えば「知人」だろうけど、同時に「愛人」でもある。ようするに〝愛知の人〟だよ。

田中　愛知県民みたいなことにするな！

太田　たしかに、あいつは「高知」だしな。ややこしいよ！

田中　ややこしくしてるのはお前だよ！

太田　そもそも、あの人は名前がややこしかったんだよな。

田中　たしかにそうだけど、関係ねえよ！　高知東生さんは最初は「東急」だったんだけど、東急グループから「高知に東急が進出した」と誤解を受けるというクレームが入って、「東急」から「東生」に変えたんだよね。

太田　あの時、変えといてよかったよ。もし東急のまんまだったら、のちに高島礼子さんと結婚した時、「東急が高島屋と合併した」って誤解が誤解を生んだだろうからな。もう収拾つかないよ。

田中　そんなこと、誰も思わないよ！　それにしてもかわいそうなのは、妻の高島礼子さんだよね。記者会見を開いて謝罪したんだけど、「夫が薬物をやってることにはまったく気づかなかった」って言ってたね。「それでも自分にも責任がある」って言って、記者の質問には全部丁寧に対応して、あれは立派だったって評判だね。

太田　たしかにちゃんとしてたな。「このたびは申し訳ありませんでした。妻としての責任があります」って深々と頭下げて、もう充分説明して終わってもいいのに、最後にもう一度、記者とテレビカメラに向かって、「改めまして皆様にお知らせがあります。私、このたび、テレビ朝日で七月二十一日木曜夜八時スタートのドラマ、木曜ミステリー『女たちの特捜最前線』で主役を務めさせていただくことになりました。ええ、私の役は、難事件に挑む女捜査官の役です。大変素晴らしい仕上がりになっておりますので是非、ご覧ください」

田中　なんで番宣してんだよ！

太田　「なお、初回は十五分拡大でお送りします……」。

田中　拡大するな！　そんなことしてねぇよ！　あと驚いたのは、さっきもチラッと出てきたけど、名古屋でラジオパーソナリティーとして活動している宮地佑紀生さんが、生放送中にアシスタントの女性に暴行して逮捕されたって事件だね。何が気に入らなかったんだかわからないけど、生放送中に向かいに座っているアシスタントの女性の足を何度も蹴って、最終的にはマイクでぶん殴ってんだよな。

太田　あれは驚いたな。我々も長年ラジオやってるけど、その状況は考えられないよな。

田中　たしかにね。

太田　ラジオ関係者はみんなビビってたよな。TBSでそのニュースを聞いて、荒川強啓《きょうけい》が蹴るのをやめたらしいからな。

田中　強啓さんは蹴ってないよ！　誤解を招くようなこと言うな！

太田　「荒川強啓の荒くれ者」って番組なんだけど……。

田中　そんな番組ねえよ！　宮地さんは、「名古屋のみのもんた」っていわれる人気パーソナリティーだったらしいね。

太田　事件以降は〝名古屋の大島渚〟って言われてるらしいな。

田中　言われてねえよ！　たしかに昔、作家の野坂昭如さんが大島渚監督を殴って、それに応戦して大島さんがマイクで野坂さんを殴った事件があったけど！　それから驚いたのが、イギリスでEUからの離脱か残留かを問う国民投票が行われ、残留が四十八％、離脱が五十二％で、僅差で離脱が決定したことだよね。前評判では残留だという意見が多く、すっかり残留するもんだと思ってたから余計、衝撃が大きかったね。最初にニュースで「EU離脱！」って文字を見た時はビックリした。

太田　ザ・たっちの新ネタかと思ったもんな。

田中　思わねえよ！　それは幽体離脱だろ！　その後、残留派だったキャメロン首相が辞任表明したね。

太田　スピーチで、「イギリスのことが嫌いでも、EUのことを嫌いにならないでください！」って言ったな。

田中　前田敦子か！　それにしても、これで心配されるのが離脱ドミノだよね。これに続いてスペイン、イタリア、フランス、オランダなども次々に離脱するんじゃないかって言う人もいるよね。

太田　「俺たちはKAT-TUNか！」って言ってるらしいな。

田中　言ってねえよ！　でも、戦後ECからずっと続いてきたものが、いまになってまさかイギリスが離脱するとはビックリだよね。

太田　お前も何年か前に突然、左の金玉に離脱されたわけだけど、あの時はショックだった？

田中　うるせぇ！　同じレベルで語るな！

太田　たしかに、左玉が離脱するのって今回とは違うよな。

田中　そういう意味じゃねぇよ！

太田　これからもし離脱ドミノが起きて、右側の玉が離脱するってことになったらどうする？

田中　それはただの性転換だよ！　いい加減にしろ！

2016.10

太田　いやあ、それにしてもここんところ、ずっと寝不足が続いててね。

田中　やっぱりね。見ちゃうんだよな。リオオリンピック。

太田　いや、ずっと「ポケモンＧＯ」やってて……。

田中　嘘つけ！　お前、携帯すら持ってねえだろ！

太田　いや俺、肉眼で探してるから。

田中　絶対見つからないよ！　そんなことやってるぐらいなら、オリンピック見ろ！

開会式なんか素晴らしかったね。プロジェクション・マッピングとか使われてて、綺麗だった。

太田　東京五輪でもそうなるんだろうな。

田中　たしかにね。四年後はもっと技術も進歩するだろうからね。

太田　高飛びのバーとか、プロジェクション・マッピングになってたりして……。

田中　ダメだよ、それは！

太田　バレーのボールとかも。

田中　打てねえだろ、そんなもん！

太田　最終的には、相手の選手も全部プロジェクション・マッピングで……。

田中　誰と戦ってるんだよ！　ただ、ブラジルが開催国でトラブルも多いんだよね。治安の悪さとジカ熱の危険もあって、ゴルフなんかでは世界ランク上位の選手の辞退者が続出してるよね。

太田　みんな、「俺たちがいない大会で偽物の金メダルを取ればいい」って言ってるらしいな。

田中　それは、ドーピングで出られなくなったロシアの選手が言ったセリフだよ！あと強盗も多くて、実際、選手も被害に遭ったりしてるみたいだね。

太田　ボルトが財布取られて追いかけたけど、逃げられたって話だな。

田中　速いな、その強盗！　そいつがオリンピック出ろ！　でも本当に、ブラジルでは金目のものを身につけたら確実に強盗に狙われるなんて話もあるから、気をつけてほしいね。

太田　表彰台で金メダルを首にかけた瞬間、持ってかれちゃったりしてな。

田中　それはないよ！　さすがにそいつはすぐ捕まるだろ！　なんと言っても嬉しかったのは、男子水泳四〇〇メートル個人メドレーの萩野《はぎの》公介選手が、日本人第一号の金メダル取った時には盛り上がったね。

太田　みんな「ハギノだっけ、オギノだっけ？」って大騒ぎになったな。

田中　そういう騒ぎじゃねえよ！　でも、たしかにそういう人も多かったけど！

太田　で結局、「おぎやはぎでいいや」ってことになって……。

田中　そんなことにはなってねえよ！　ハギノ選手だよ！　それからさっきも言ってたけど、ダウンロードアプリの「ポケモンＧＯ」が社会現象になってるね。ただトラブルも多くて、歩きスマホとか、モンスター探しに夢中になって進入禁止地域に入っちゃう人が出てきたり、いろいろ問題になってるね。

太田　尖閣諸島周辺も、中国漁船がポケモン探しに来てるみたいだな。

田中　あれは違うよ！　あと、歩きスマホは本当に危険で、接触事故なんかも起きてるね。

太田　ドン！　ってピカチュウとぶつかっちゃったりして、「あっ……」なんて。

田中　そんなことあるか！　なにが「あっ……」だよ！　あと、電車のなかでもやってる人がいるんだよね。

太田　そいつはほとんど「電車でGO！」だな。

田中　言ってる意味がわかんねえよ！　あと、神社仏閣なんかでもモンスター探しに来る人がいて、困ってるみたいだな。ある神社では「ポケモンGO禁止！」って貼り紙出して、ネットで顰蹙《ひんしゅく》買っちゃったりしてるんだよね。

太田　神社でポケモンするほうが悪いだろ！　禁止にして当然だよ！

田中　たしかにそうなんだけどね。でもそんななか、伊勢神宮では神道では無益な殺生を禁じるということから、「神宮の中では生き物を捕まえることはできません。ポケモンも捕獲せずにそっとしておいてください」っていう、ちょっと洒落た声明を出して、それがネットでは〝神対応〟だって絶賛されたりしてるんだよね。

太田　〝神対応〟って当たり前だよ！　伊勢神宮は神そのものだよ、バーカ！

田中　だから！　そういう言い方が嫌われるんだよ！　あとポケモンの偽物で、「パチモンGO」なんていうのも出回っているらしいね。

太田　ピカチュウが赤い顔してて、よく見ると〝アル中〟なんだよな。

田中　くだらねえよ！　でも悪いことばかりじゃなくて、ポケモンはコミュニケーションのきっかけにもなるなんて言われてるんだよね。普段外に出ない人が外に出て、プレイヤー同士で話したりして出会うきっかけになったりもしてるらしいね。

太田　そのうち、ポケモンで出会って結婚する〝ポケ婚〟なんてのが流行ったりするかもな。

田中　ああ、それはあるかもしれないね。

太田　それで、気の合った相手にボールぶつけたりして……。

田中　結局、ポケモンじゃねえか！

太田　「俺の股間のピカチュウも光らせてくれ」なんて。

田中　まったく意味がわからないよ！　それから何といっても最近のニュースといえば、都知事選だよね。結局、小池百合子さんが当選して女性初の東京都知事が誕生したね。猪瀬直樹さん、舛添さんと、どちらも〝政治とカネ〟の問題で辞任してるから、小池都知事への期待は大きいよね。これからちゃんと公約を守ってくれるかどうか。

太田　ああ、「崖から飛び降りる」ってやつな。

田中　違うよ！　あれは公約じゃないんだよ！　出馬する時の覚悟のことだよ！　考えてみたら、あの時から熱い戦いだったよね。最初、選挙は〝三つ巴〟なんて言われてたね。

太田　小池百合子、鳥越俊太郎、マック赤坂な。

田中　違うよ！　増田さんだよ！

太田　ああ、増田ナントカさんな。

田中　寛也《ひろや》さんだよ！　自民党公認の増田寛也さん！　でも、たしかに名前を覚えてもらえてなくてかわいそうだったんだよね。応援演説でもことごとく名前を間違えられてて。「増田ひろし」とか「増田たくや」とか、石原伸晃さんなんて「増田ひろみ」って言ってたからね。自分たちが公認してるのに。

太田　最終的には「ますだおかだ」って言った奴もいたな。

田中　そんな奴はいないよ！

太田　その時は、増田さんもさすがに「ワオ！」って驚いてたけど。

田中　それは岡田のギャグだよ！

太田　最後の演説では諦めたように、「閉店ガラガラ！」って言ってたな。

田中　いいかげんにしろ！

2016.11

田中 もう夏も終わりだけど、今年の夏は何と言っても、オリンピックの夏だったよね。日本はメダルラッシュで盛り上がったけど、なかでも凄かったのは女子レスリングだよね。

太田 女子レスリングって強そうな名前の人多いよな、「伊調」馨《かおり》とか「土性《どしょう》」沙羅とか。

田中 言われてみればそうだね。

太田 ああ、変わった名前が多いなぁと思ってたところで、急に「吉田」沙保里って！　普通かよ！

田中 いいだろ、別に！　その吉田選手だけど、オリンピック金メダル四連覇の期待がかかってたけど、惜しくも銀だったね。

太田 それでも充分、凄いよな。

田中 そうなんだよね。でも、本人としては相当悔しかったんだろうね。号泣してて話題になったよね。

太田　「うわぁぁぁぁ〜ん！　一所懸命やったんですぅぅぅ〜!!」って。

田中　それは野々村元兵庫県議だろ！

太田　〝号泣レスラー〟なんて言われちゃって……。

田中　言われてねえよ！

太田　銀メダル、耳にあてがったりしてたな。

田中　それも野々村元県議だよ！　それにしても女子レスリングって、金メダルを取るとコーチを投げるのが決まりみたいになってきてるよね。

太田　あの光景は微笑ましいよな。他の競技もやればいいのにな。

田中　他の競技？

太田　たとえばボクシングも金メダル取ったあと、セコンドのことボコボコにぶん殴ったりして……。

田中　全然微笑ましくねえよ！

太田　やり投げなんか記録出した途端、コーチのこと突き刺したり……。

田中　大惨事だよ！　あと何といっても興奮したのが、男子四×一〇〇メートルリレーだね。日本はなんと、アメリカを抜いて二位だからね。

太田　たしかにあれは凄かったな。ああいうトラック競技では、日本人はそもそも欧米人と体つきや身体能力が違うから敵わないもんだと諦めてたからな。

田中　たしかにね。

太田　もし日本人が勝つとしたら、相当な肉体改造とか、筋肉増強剤なんかを使ったドーピングとかしないとダメなのかと思ってたもん、俺。今回、そういうのはまったくなしで勝ったんだからな。

田中　当たり前だよ！

太田　でも、ケンブリッジ飛鳥って名前がドーピングぽくて、ヒヤっとしたけどな。

田中　何でだよ！

太田　ん？　飛鳥？　……って。

田中　やめろ！　まったく関係ねえよ！　今回、吉田選手も果たせなかった四連覇を達成した伊調馨選手には、国民栄誉賞を贈ることになったね。

太田　そりゃそうだろうな。少なくとも、いままでの国民栄誉賞受賞者の森光子さんや美空ひばりさんより、戦ったら絶対強いもんな。

田中　基準が違うよ！　十月にはメダリストたちの凱旋パレードが銀座であるみたいだから、また盛り上がりそうだね。直にメダリストや金メダルを見られるわけだから。

太田　でも、銀座ならもっと高価な金が見られる店がたくさんあるんだけどな。

田中　そういうことじゃないんだよ！　オリンピックが終わって、いまはパラリンピックで連日、熱戦が繰り広げられているけど、ロシアはドーピングで出場停止になってしまったのが残念だね。

太田　薬で目が見えるようになった人がいるらしいな。

田中　違うよ！　それはもはやドーピング問題以前に、素晴らしい薬の開発に成功したってことで話題になってるだろ！　それから連日話題なのは、ＳＭＡＰ解散のニュースだね。あれは衝撃的だったよね。

太田　その前にＴａｋｅ２解散しろ！　って思うもんな。

田中　そういうことじゃねえよ！

太田　あいつらこそ、楽屋で口もきかないんだから。

田中　たしかに、あの二人は仲悪いけど！

太田　ネタやってる時、目も合わせなかったんだぜ！

田中　Ｔａｋｅ２のことはどうでもいいんだよ！　しかもあいつら、もう二人で一緒に仕事してねえし！　それにしてもＳＭＡＰ、週刊誌やネットではあることないこと、いろいろ言われてるね。

太田　ばっかりだよな。やれ木村拓哉と中居正広が仲が悪いとか、飯島三智さんが悪いとか、いや本当に悪いのはメリー喜多川さんだとか、いやいやもっと悪いのは高畑裕太だとか。

田中　高畑裕太は関係ねえだろ！　別の事件だよ！　結局、SMAPは今年いっぱい活動するってことになってるらしいけど、ちょっと前に解散発表してから初の『スマスマ』（フジテレビ系）の収録に、柔道金メダリストのベイカー茉秋《ましゅう》選手がビストロSMAPのゲストで呼ばれてたね。本人は会見で、「小さい頃からSMAPさんに憧れてて、初めて買ったCDは『世界に一つだけの花』でした」って言ってたね。

太田　あの歌を聴いて、よく金メダル取れたな！　歌詞の意味、理解してねえだろ！

田中　なんでだよ！

太田　「ナンバーワンにならなくていい」って言ってんだぞ！

田中　だからって、「負けろ」って意味じゃねえよ！　それにしても、解散発表直後の収録は気を使っただろうね。

太田　そりゃそうだろうな。ピリピリムードだぜ。スタッフもベイカー君のところに行って、「何を言ってもいいですが、くれぐれも〝解散〟って言葉だけは口にしないでください」なんて注意したりして。

田中　それぐらい、言われなくてもわかってるよ！

太田　で、収録が無事終わってADがホッとしちゃって、「本日の収録は以上になります。解散！」って思わず叫んじゃって「ああああ！」なんて。

田中　バカなのか、そのADは！

2016.12

田中　連日ニュースになっているのが、築地の豊洲移転問題だよね。ここにきて、地下に盛り土がされてない空間が見つかって、大変な問題になってるよね。あの地下をこれからどうするのか？　って。

太田　プールとかにできないのかな？

田中　できるわけねえだろ！　有害物質があるんだから！

太田　でもオリンピックも、競技場とかいろいろ揉めてるし。

田中　オリンピックならなおさらムリだよ、そんなプール！

太田　そういう競技作っちゃえばいいじゃん。〝ベンゼン競泳〟とか。

田中　なんだよそれ！

太田　有害物質の水でどこまで速く泳げるかを競うんだよ。

2016

田中　世界中から批判されるよ！　そもそも移転に関しては、築地のなかでも意見が分かれていたからね。

太田　サバは賛成だけど、マグロは反対だったんだよな。

田中　魚の話じゃねえよ！　でも現実問題として、そう長く延期はできないよね。

太田　魚、腐っちゃうしな。

田中　だから、魚の話じゃねえんだよ！　それにしても、小池都知事も着任早々大変だよね。この前、所信表明やってたけど、横文字が多くてわかりにくいって言われたりもしてたね。〝ワイズスペンディング〟とか〝レガシー〟とか……。

太田　〝ペンパイナッポーアッポーペン〟とかな。

田中　それはピコ太郎だろ！　急に世界的に有名になっちゃったから、本人、戸惑ってたよ！　あと最近の話題では、ゲスの極み乙女。の川谷絵音さんが活動自粛を発表して、話題になってるね。

太田　活動自粛って、不倫活動？

田中　違うよ、アーティスト活動だよ！　新恋人のほのかりんってタレントの子が、未成年なのに飲酒をしたってことで、この子もレギュラー番組を降板することになっちゃった。前から言われてたけど、川谷君とかかわるとみんな不幸になる、〝ゲスの呪い〟なんて言われてるんだよね。

太田　コンサートに行った人のなかでも二〜三人、バイトをクビになった人がいたらしいね。

田中　そのぐらいはいるよ！

太田　でも、〝ゲスの呪い〟ってネーミング自体、ゲスだよな。〝ゲスな呪い〟だったら、もう少しシャレになるのにな。

田中　なんだよ、〝ゲスな呪い〟って！

太田　「あいつのチンコ小さくなれ！　小さくなれ！」って呪いかけたりすんの。

田中　もう、何言ってんだかわかんねえよ！　そんななか、ベッキーがラジオ番組で復帰して、テレビでも『ワイドナショー』（フジテレビ系）にゲスト出演して話題になってるね。

太田　あの日は、俺もテレビにかじりついて見てたもんな。

田中　嘘つけ！　裏で『サンデージャポン』（ＴＢＳ系）やってて悔しがってたろ！

太田　視聴率上がるな！　視聴率上がるな！

田中　お前こそ、〝ゲスな呪い〟じゃねえか！　でも、これでベッキーも禊《みそぎ》というか、これからどんどんテレビ復帰するんだろうね。

太田　名前もベッキーじゃなくて、〝フッキー〟にすればいいよ。

田中　もともとやってたレギュラー番組も、徐々に復活するかもしれないね。

太田　「ニンゲン観察バラエティ『モニタリング』」とかな。

田中　そうだね。

太田　毎回、ベッキーが豊洲の地下に行って、水質調べたりして。

田中　本当のモニタリングしてどうすんだよ！　明るい話題としては、何といってもノーベル賞だよね。日本人受賞は三年連続で、今回は東京工業大学の大隅良典名誉教授。細胞自身が不要なタンパク質を分解する「オートファジー」の仕組みを発見して評価された。あれは最初は誰も興味を示さなかった分野らしいんだけど、それでも大隅教授はコツコツと調べてて、長年の成果が実った形だね。

太田　「オートファジーはありま〜す！」って叫んでたもんな。

田中　叫んでねえよ！　それは元理研の小保方晴子さんだろ！　微笑ましかったのは、大隅教授は四つ葉のクローバーを見つけるのが得意で、研究の合間に大学の敷地内でいっぱい見つけて押し花にしてるって話。

太田　じゃあ、きっとそのうちいいことあるよ。

田中　もうあったんだよ！　ノーベル賞取ったんだから！　記者会見は奥さんと一緒

にやって、仲睦まじい様子が見られたよね。

太田　奥さんが「夜もオートファジーなんですよ」って笑ってたな。

田中　意味わかんねえよ！　あと話題としては、アメリカの大統領選だね。トランプ候補の暴言が結構問題になってて。でも最近では、それ以上に暴言を吐いて話題になっているのが、フィリピンのドゥテルテ大統領だよね。オバマ大統領に対して、とんでもないこと言ったりして。

太田　「お前、ただのノッチじゃねえか」ってな。

田中　そんなこと言わねえよ！　「地獄に落ちろ」って言ったんだよ！　あとひどかったのが、オーストラリア人の修道女がレイプ殺人された事件に対して、「自分が最初にレイプしたかった」って言って世界中から顰蹙を買ってるよね。

太田　「勃たないくせに！　見栄張るな！」ってな。

田中　そうじゃねえよ！　この発言に対してアメリカやオーストラリアから批判されると、今度は「国交断絶する」って言い出すし、手が付けられない。

太田　何を言い出すかわからないから、扱いが難しいよね。日本も安倍さんが批判とかしたら、「お前の国からフィリピンパブなくすぞ！」とか言われちゃうかもしれないし、それ言われたら打つ手なしだもんな。

田中　どんだけフィリピンパブが大事なんだよ！　いい加減にしろ！

2017

2017.1

田中　それにしても、ハロウィンは大変な人出だったね。年々派手になっていくけど、今年は渋谷を歩行者天国にしたんだよね。

太田　〝ポコチン〟ね。

田中　〝ホコ天〟だよ！　間違えようがないだろ、〝歩行者天国〟！

太田　でも天国っていうけど、いるのはゾンビだらけで、地獄みたいだったぜ。

田中　しょうがないだろ！　ハロウィンっていうのはそういうもんなんだから！　仮装としては、今年は「ポケモンGO」人気でモンスターの仮装してる人が多かったね。

太田　やっぱり一番人気は、全身黄色の〝ピカ太郎〟だったな。

田中　ピカチュウだよ！　ピコ太郎みたいに言うな！　あと、話題のドナルド・トランプの仮装をしている人もいたね。

太田　たしかに、あれが一番のモンスターだもんな。

田中　そういうこと言うな！

太田　トランプに「トリック・オア・トリート」って言われて、お菓子あげなかったらどんなイタズラされるかわからないから恐ろしいよな。そこら中の国境沿いに壁作られちゃったりして。

田中　そんなことねえよ！　それにしても、アメリカの大統領選挙はお祭りみたいだよね。ヒラリーの応援には超大物アーティスト、ビヨンセやボン・ジョヴィ、レディー・ガガが駆け付けて盛り上がってたね。

太田　ボブ・ディランも呼んだけど、返事がなかったらしいな。

田中　それはノーベル文学賞の話だ！

太田　あと吉川晃司も来て、「モニカ」歌ったらしい。

田中　絶対ないよ！　モニカ・ルインスキーって、夫のビル・クリントンが大統領の時に不適切な関係を持っちゃった人なんだから！

太田　「セックス、セックス、セックス、セックス、モニカ～♪」って。

田中　「サンクス」だよ！　たしかに当時、そう聞こえるって話題になったけど！　ともかく、今回の選挙はトランプが勝つという予想外の結果で、大騒ぎになったね。

太田　アメリカ国民はトランプで何かゲームをやろうとして、結局選んだのが〝ババ抜き〟だったってことだな。

田中　うまくねえよ！　この結果は「トランプショック」なんて言われてるよね。

太田　「トランプショック」と言って思い出すのは、元巨人の柴田勲さんの記者会見だよな。

田中　思い出さねえよ！　昔、柴田さんがポーカー賭博で捕まって、謝罪の記者会見でロイヤルストレートフラッシュになったトランプの絵柄のセーターを着てて話題になったやつだろ！　……っていうか、ここまで説明させるな！　トランプが大統領になったことでニューヨークでは暴動が起きたり、とにかく「全米が悲しんでる」って報道されてるね。

太田　だったらトランプがいいかどうか、国民投票したらいいんじゃないかな？

田中　それをやって当選したんだよ！

太田　どういうこと？

田中　わかんないよ！　トランプになって、日本政府も結構混乱してるよね。オバマ政権の時に決めたことが変わっちゃうかもしれないから。

太田　「ＰＰＡＰ」はもう駄目みたいだな。

田中　「ＴＰＰ」だよ！　ピコ太郎の「ＰＰＡＰ」はむしろ絶好調だよ！　アメリカ絡みだと、日本では沖縄米軍基地の警護をしている機動隊が、反対住民に「この土人が！」という発言をしたことに対して、鶴保庸介沖縄北方相が「差別とは断定できない」って言って波紋を呼んでるね。

太田　アレを差別と断定できないって、完全にアウトだろ。キチガイなのかな？

田中　お前が一番アウトだよ！　あとビックリしたのが、元女優の高樹沙耶さんの逮捕だよね。

太田　逮捕の少し前に、我々がＴＢＳでやっている金曜夜七時放送の『爆報！　ＴＨＥフライデー』で取材していただけに残念だよね。

田中　そうだね。

太田　ＴＢＳ系金曜夜七時放送の『爆報！　ＴＨＥフライデー』では石垣島の生活を紹介したんだけど、その時は大麻栽培について否定してたんだよな。でも、金曜夜七時放送の『爆報！　ＴＨＥフライデー』では……。

田中　番宣するな、わざとらしいよ！　でも驚いたよね。あの収録の時も、取材に行ったスタッフは「大麻をやってる様子はない」って言ってたのにね。

太田　たしかにな。俺が「大丈夫なの？」って訊いたら、「心配ないですよぉ……ヒヒヒヒ……ははははは！」って。

田中　ヘロヘロじゃねえかよ！　完全に吸わされてるだろ！　高樹さんは、ナチュラリストとして石垣島で生活してたんだよね。

太田　ナチュラルローソンしか行かなかったらしいな。

田中　それはナチュラリストとは言わないよ！　でも、逮捕の影響はいろいろなところに出てるよね。高樹さんが料亭の女将として出演していたドラマ『相棒』（テレビ朝日系）の再放送は差し替えになったからね。

太田　でも、いまの女将の鈴木杏樹は、前に殺人未遂で捕まってた人だけどな。

田中　それはドラマの設定だよ！　あと驚いたのが、Ｂ・Ｂ・クィーンズの「しょげないでよＢａｂｙ」の作詞をしてるんだよね。今後、テレビなどで歌われることがあるのかな。

太田　今度、歌詞変えて、「吸わないでよＢａｂｙ」って曲出すらしいな。

田中　出さねえよ！

2017.2

田中　二〇一六年は本当にいろいろあった一年だったね。最後にビックリしたのは、何と言っても紅白歌合戦に和田アキ子さんが出ないって決まったことだよね。

太田　アッコさんが出ない紅白なんて、怪獣が出てこないゴジラみたいなもんだな。

田中　そういう言い方するなよ！

太田　寂しいけど、もう我々が子供の頃に見てた紅白とは違っちゃってるのかもしれないな。

田中　たしかにね。

太田　まず、テレビが薄いもんな。

田中　そこかよ！

太田　昔は足が四本あって、かなり場所取ったぜ。上に花瓶かなんか置いちゃったりして、チャンネルも回すやつで……。

田中　テレビそのもののことは関係ないんだよ！

太田　いまはみんな携帯で見てるもんな。そう考えると、時代も変わったよ。

田中　まあ、たしかにそう言われればそうだけど。携帯といえば、最近凄く流行ってるのが犬になるアプリだよね。

太田　ああ、顔は人間で体が犬なんだよな。あれ気持ち悪いな。

田中　それは人面犬だろ！　そうじゃなくて、顔が犬になるんだよ！

太田　たしかに流行ってるね。若い女の子なんか、みんな犬だもんな。

田中　たしかにね。

太田　みんな土佐犬みたいな顔になっちゃって、太い縄を首に巻いて「横綱」って書いてあったりして……。

田中　そういう闘犬みたいな犬じゃないよ！　もっと可愛い犬だよ！

太田　でも本当、若い子みんな犬になってるな。俺なんか逆に最近、犬を見ると若い女の子に見えるもん。

田中　だから、それは人面犬だよ！　でも、若い子だけじゃないからね。大人もやってるから。

太田　家中でやってる家族もいるよな。お父さんもお母さんもお兄ちゃんも妹も……。

田中　たしかにね。

太田　お前ら『犬神家の一族』か！

田中　犬神家は犬の家族じゃないから！

太田　一人ずつ殺されちゃったりして……。

田中　何でだよ！

太田　……で、慌てて犬のアプリ解除するんだけど、なぜかお父さんだけ犬のまま戻らなくなっちゃったりして。

田中　どういうことだよ？

太田　娘役の上戸彩が「お父さん？　どうしたの？」って訊いたら、「やっぱりソフトバンクが一番だな」なんて。

田中　白戸家か！　あのアプリ、犬だけじゃなくて他の動物にもなれたりするんだよね。そのうち、いろんなの出てくるんだろうね。

太田　芸能人にもなれるやつとかできたらいいね。

田中　あ、いいかもしれないね。

太田　音楽が終わった瞬間、ジャン！　って顔が梅宮辰夫になったりして。

田中　ロバート秋山のネタじゃねえか！

太田　女子高生全員、梅宮辰夫さんの顔でピースしてて。

田中　気持ち悪いよ！　でも、誰でも簡単に使えるからいいよね。

太田　でもこのアプリ、使い方間違えると大変なことになるからな。

田中　なんで？

太田　子供の運動会とか撮影する時に間違えて犬アプリで撮っちゃって、あとで見たらただのドッグレースになっちゃったり。

田中　そんなことねえよ！

太田　「どの犬が俺の息子だ！」って。

田中　そこまでリアルな犬にならないよ！

太田　学芸会で、桃太郎のお芝居やってるところを撮ったら、犬が四匹で旅してたりして。これじゃ、鬼退治できないだろ！

田中　そうはならないよ！　芸能人もみんなやってるね。

太田　猫ひろしとか犬になってた。

田中　まぎらわしい。

太田　さかなクンがやって、犬だか魚だかわかんない。

田中　いいよ、もう……。

太田　KABA．ちゃんもやってるんだけど、もともと加工してるから、もう何だかわからない。

田中　うるさい。

太田　そのうち、履歴書とかパスポートも犬。

田中　そんなわけねえだろ。

太田　空港で麻薬犬が犬を捕まえたり。

田中　しつこいよ！　あと、顔が入れ替わるアプリも、友達同士で盛り上がってるね。

太田　朴槿惠《パククネ》と崔順実《チェスンシル》。

田中　そいつらはやってる場合じゃねえだろ！　これも芸能人もやってるよ。

太田　藤原紀香と熊切あさ美とか。

田中　だから、そこまでリアルじゃねえんだよ！　でもこういうアプリって、これからもっと進化していくんだろうな。

太田　いまは外見が変わるだけだけど、そのうちもっと進化して、外見はそのままで中身が変わっちゃったりして。

田中　それは無理だろ。

太田　男の子と女の子が二人同時に、「入れ替わってる！」って叫んで、そこから壮大なドラマが始まるんだよ。

田中　映画『君の名は。』じゃねえか！　それにしても、『君の名は。』は空前の大ヒットだよね。ファンの間では、〝聖地巡礼〟なんていうのも話題になってるよね。

太田　みんな聖地に行くんだよな。ゴルゴダの丘とか……。

田中　本当の聖地じゃねえかよ！　そうじゃなくて、アニメの舞台になった場所に行くんだよ！　あれってどういう気持ちなんだろうね。

太田　俺もいままではわからなかったけど、今回ばっかりは思わず聖地巡礼しちゃったよ。

太田　『君の名は。』の舞台は飛騨・高山なんだけど、行っちゃった。実際、「ああ、ここがあの場所か」なんて、感動したもんな。

田中　へえ！　お前がそんなにハマってるとは思わなかったな。あと、主題歌もヒットしてるよね。

太田　「前前前世」な。この前、カラオケで歌ったよ。

田中　凄いな！　あと、原作の小説も凄く売れてるんだよね。

太田　早速買って読んだけど、面白かったよ。

田中　凄いハマり方だね！　全然知らなかった。映画はいつ見たの。

太田　映画だけはまだ見てないんだけどね。

田中　見ろよ！　それでよくハマれたな！

太田　アニメってあんまり……。

田中　意味わかんないよ！

太田　実写化されたら見ようかと思ってる。

田中　それ、一番ファンが嫌がるやつだよ！　いい加減にしろ！

2017

2017.3

田中 それにしても年末年始、いろんなニュースがあったね。
太田 あ、私事で恐縮なんですけど、もえが妊娠しました。
田中 お前が言うな！　俺の私事だから！　みなさん、温かく祝福していただいてありがとうございます。
太田 スケベなことしてたんだな。
田中 うるせえ！　最低だよ！
太田 〝ゲス妊娠〟って言われてるよな。
田中 言われてねえよ！　どこもゲスじゃねえから！
太田 それにしても、どっちが生まれてくるか、楽しみだな。
田中 まあね。でも、本当は健康ならばどっちでもいいって気持ちなんだよね。
太田 ボケか、ツッコミか。
田中 その二択じゃねえよ！　男か女かだろ！
太田 まぁ、よかったたな。妊娠してるのがわかった時は驚いたね。俺が妊娠検査薬で見たんだけど……。

田中　そんなわけねえだろ！

太田　そしたら、もえが尿じゃなくてお茶出してきて……。

田中　それ、別の人の別の話だよ！　妊娠がわかったのは病院だよ！

太田　お前、ずっと「片タマだから子供ができないんじゃないか」って、世間から誤解されてるのを嫌がってたから良かったよな。

田中　そうそう。睾丸摘出はしたけど、「生殖機能には何の問題もない」って言われてたんだけどね。

太田　「そのことを同じ病気で睾丸を取ったみんなに伝えたい」ってことで、今回、このことがアニメ化されることになりまして。タイトルは『この世界の片玉に』。

田中　映画『この世界の片隅に』じゃねえんだよ！　そんなわけねえだろ！　他にも、おめでたい話が続いてるよね。大晦日に入籍したカップルもいて……。

太田　〝チャゲ&りゅうちぇる〟な。

田中　〝ぺこ&りゅうちぇる〟だよ！　他にも、おぎやはぎの矢作兼がラジオの生放送で入籍して、奥さんも少しだけ出演したり……。

太田　〝よめやはぎ〟。

田中　ボケが安易になってるよ！　もうちょっと工夫しろ！　あと、元ＡＫＢ48の前田あっちゃんと、ＲＡＤＷＩＭＰＳのヴォーカルの野田さんの熱愛報道があってビックリしたけど、これは両者ともキッパリ否定してるね。

太田　次の新曲のタイトルは「前前前田」らしいけどな。

田中　そんなわけねえだろ！　あと残念だったのは、いきものがかりの突然の活動休止宣言だよね。ファンはビックリしていた。

太田　これから、誰がメダカの水槽の水を入れ替えるんだろうな？

田中　本物の生き物係の話じゃねえよ！　三人はあくまでも前向きな休止で、いきものがかりらしく〝放牧〟って言葉を使ってるんだよね。ホームページでも、三人が着ぐるみ着て映ってて……。

太田　牛とカエルと、真ん中が黒いマスクしたテロリストみたいな……。

田中　パペットマペットじゃねえんだよ！　テロリストって言うな！　あいつ、これからネタやりにくくなるだろ！　年末の紅白で歌ってる時は、実はこれが最後の紅白って意識で歌ってたんだろうね。

太田　そんな気持ちじゃ、ゴジラ倒せるわけないだろ！

田中　あれは演出だよ！　誰も本気でゴジラ倒そうと思って歌ってねえよ！　あの演

出も賛否両論あったけど、それだけ話題になるのはいいことだよね。ゴジラが渋谷に現れてさ。

太田 あれ見た時、「なんだ、アッコさん出てんじゃん」って思ったけどな。

田中 失礼なこと言うな！　結局、最後はX JAPANの歌で退治してたけどね。

太田 そんなんで、あのゴジラが退治できるわけねえじゃねえか！

田中 うるせえよ！　何、真剣に見てんだよ！

太田 もし本当に歌の力でゴジラを倒そうとするなら、小さなザ・ピーナッツが出てきてモスラの歌を歌って、モスラを幼虫から成虫にするしかないんだよ！

田中 映画『ゴジラ対モスラ』の設定な！　あれも作り話だから！　ゴジラの他にも、紅白の演出はいろいろ変わってたよね。

太田 マツコとタモリ・デラックスがうろうろするやつとかな。

田中 逆だよ！　タモリさんとマツコ・デラックス！　いい加減なボケ方するな！それから、政治の面でもいろいろあったね。去年はカジノ法が成立して、国会の党首討論で、蓮舫代表が「総理の答えない力、逃げる力、ごまかす力、まさに神ってます！」なんて流行語を交えて答弁したりして。

太田 安倍さんは、「そんな流行語を使う『君の名は。』？」って応戦してたな。

田中　何、流行語を言い合って楽しんでんだよ！　政治は対外的にもいろいろありそうだね。アメリカの大統領もオバマからトランプに代わるし。去年はオバマ大統領が広島を訪問して、安倍首相がパールハーバーを訪問して。日米にとっては歴史的な年になったよね。

太田　あれは感動的だったな。

田中　広島の被爆者をオバマ大統領が抱きしめたのも感動したし、パールハーバーで真珠湾攻撃を体験した退役軍人の老人を安倍首相が抱きしめたのも感慨深いシーンだったね。あの老人は、安倍さんの訪問を「嬉しかった」って言ってたね。

太田　「今回は前もって来るのがわかってたから」ってな。

田中　そんな皮肉なこと言ってねえよ！

太田　サプライズで突然行って抱きしめたら、また問題になったんだろうな。

田中　安倍さんの目的がわからないよ！　いい加減にしろ！

2017.4

2017

田中　それにしても連日、トランプ大統領の話題で世界は振り回されてるね。アメリカは真っ二つに分断されちゃって、世界は緊迫している。世界終末時計っていう世界が破滅するまでを二十四時間で表した時計では、破滅まであと二分半ってところらしいね。

太田　そんななか、お前は子供ができたね。

田中　嫌なタイミングで言うな！

太田　何やってんだよ？

田中　別に、そんなこと考えて生活してないよ！　しょうがねえだろ！

太田　お前の子供の未来なんてないんだよ！

田中　それは言いすぎだろ！

太田　何の計画性もないな。ビッグダディと同じだよ。あ、〝リトルダディ〟か。

田中　うるせえ！

太田　ビッグダディは七回目の離婚だぞ。

田中　関係ねえだろ！　話題はトランプ大統領の話題だよ！　就任式では反対派がデモをして、大騒ぎだったね。「トランプを認めない！」「我々はオバマ支持者だ！」って。

太田　その先頭にいたのがノッチだったな。

田中　いねえよ！　たしかに、ノッチにとっては死活問題だろうけど。

太田　就任式では、息子のバロン君が笑顔だったんでホッとした人も多いらしいな。

田中　そうなんだよね。というのも、「選挙直後は何があったんだ？」っていうぐらい不機嫌そうだったからね。

太田　実はヒラリーに投票してたらしいよ。

田中　そんなわけねえだろ！　それにしてもトランプさん、就任したばかりだけど、大統領令を乱発してやりたい放題だね。イスラム圏七カ国を入国禁止にして、それに異議を唱えたイエーツ司法長官代行も解任。

太田　「チェンジ」ってな。

田中　それは、オバマ大統領のキャッチフレーズだよ！　何と言っても、メキシコとの国境に壁を作るっていうんだから凄いよね。

太田　そんなことしたら、また江角マキコが落書きしちゃうよ。「バカ大統領」って。

田中　するか！　そんななか、日米首脳会談があったわけだけど、日本側は「言うべきことは言う」って言ってるけど、言えたのかね？　大統領以外も凄いメンツだからな。この前来日したマティス国防長官なんか、あだ名が〝狂犬〟だからね。

太田　大丈夫だろ。安倍さんだって〝忠犬〟って言われてるぐらいだからな。

田中　忠犬じゃダメだろ！

太田　「ハチ〜！」とか言われて、「キャンキャン！」って尻尾振っちゃったりして。

田中　最悪だよ！

太田　菅官房長官なんて、あだ名は〝バター犬〟だからな。

田中　言われてねえよ！　失礼なこと言うな！

太田　うちわ問題で蓮舫とやりあった自民党の松島みどり議員なんか、〝ウナギ犬〟って言われてるからな。

田中　だから失礼だろ！　言われてねえし！　犬なら何でもいいわけじゃねえんだよ！　それから国内では、相変わらず豊洲の問題が長引いてるね。この前の地下水モニタリングで猛毒のシアンが検出されちゃって、関係者もびっくりしてたね。

太田　「あれ、お茶だったのにな」って言ってたらしい。

田中　それは別の話だよ！　それに関しても連日、小池都知事が大活躍だよね。この前の千代田区長選は、都議会のドン、内田茂さんとの代理戦争なんて言われたけど、小池知事の支持を受けた石川雅己さんが圧勝だったよな。

太田　石川さんは千代田区長になってまず初めに、「台東区との間に壁を作る」って宣言したな。

田中　トランプか！

太田　「台東区の奴らを絶対に入れない！」って……。

田中　何でだよ！　そんなヒドイこと言わねえよ！　あと芸能界で驚いたのは、江角マキコさん突然の引退だね。不倫疑惑もあって、驚いたのがその相手とされるのが意外な人物だったんだよね。

太田　長嶋一茂な。

田中　違うよ！　そんなわけねえだろ！

太田　一茂さんも股間指して、「このバカ息子が」って言ってた。

田中　言うか！　相手は江角さんも騙されたっていう、投資詐欺のA氏なんだよね。

太田　F氏だったらもっとビックリだけどな。

田中　藤子不二雄先生じゃねえよ！　F先生はもう亡くなってるし！　あと不倫と言えば、俳優の袴田吉彦さんがアパホテルでポイント貯めて愛人と会ってたって話もあったね。毎回会ってたのがアパホテルっていうのがセコイって言われて、ちょっとかわいそうだったね。

太田　大東亜戦争に関する本当の歴史が知りたかったんだろうね。

田中　絶対違うよ！　それはアパホテルの別の騒動だろ！　あと、ピン芸人のパーマ大佐が童謡「森のくまさん」の替え歌のCDを販売して、作詞家の馬場祥弘氏に著作権の侵害だって販売中止と慰謝料を求められて騒動になった。

太田　くまどころか、馬場さんに出会ったって感じだな。で、パーマ大佐も、「スタコラサッササノサ〜♪」って行こうとしたんだけど捕まっちゃった。

田中　そういうことじゃねえよ！　そのあと、ちゃんと円満和解したんだよ！　いい加減にしろ！

2017.5

田中　しかし連日、大騒ぎしているのは、森友学園の問題だね。小学校建設のために、国有地を評価額から八億円も安い値段で売却っていうんだから、いくらなんでもおかしいよね。

太田　相当なわけあり物件なんだろうな。前に誰かがそこで自殺してるとか。

田中　そういうことじゃねえよ！

太田　そんな所に学校つくったら、絶対、「トイレの花子さん」出てきちゃうぜ。

田中　うるせえよ！　これには政治家が関与したんじゃないかって言われてるけど、

疑われたのが自民党の鴻池祥肇《よしただ》議員。記者会見で「籠池夫妻が金を持ってきたけど断った」って否定していて、その時の様子を身振り手振りで詳細に語ってたね。

太田　「『はぁぁっ』って泣きよった、そのオバハンのほうが。ワシは一瞬で金やってわかったから、それを手にとって、『無礼者！』って言ったんや！」って熱演してたけど、芝居が大げさでね。だから俺は上方落語って、あんまり好きになれないんだよな。

田中　落語じゃねえんだよ！

太田　同じ人情噺でも、古今亭志ん朝だったらもっとサラッとやるよ。

田中　うるせえ！　鴻池議員は「政治家の顔を札束で叩くようなことするな」って突き返したって言ってたね。

太田　その札束を手に取って、籠池夫人の顔をパンパン叩いたらしいな。

田中　してねえよ！　この問題はいろいろ複雑だよね。まず、安倍昭恵夫人が関連の小学校の〝名誉校長〟になってるのが問題になって……。

太田　〝名誉校長〟って何するんだろうな？　名前からすると普通の校長より偉そうだから、ゴマすりの教頭がいつもそばにいて、二人で悪巧みとかしそうだよな。

田中　学園ドラマじゃねえんだよ！

太田　不良の生徒が教室でケンカしたりして、それを熱血教師が止めて「お前ら、二人ともラグビー部で一緒に汗を流さないか？」なんて言ってるのをドアの陰から教頭が見てて、「副校長先生、副校長先生……実は……」と耳打ちし、「なんですって？」って言うと、教頭が「へへへ、これは暴力事件ですよ、これを教育委員会に訴えて、あのバカな教師と生徒たちを学校から追い出すチャンスです」「なるほど！」なんて。

田中　延々と何の話してんだよ！　あと衝撃的だったのが、関連の幼稚園の運動会で、園児たちが「安倍首相がんばれー！　安倍首相がんばれー！」って言ってる映像だよね。

太田　安倍さんも競技に参加してたってのが驚きだな。

田中　そういうことじゃねえよ！　何の競技に参加するんだよ！

太田　アーチェリーで参加して、矢は三本目は当たるらしい。

田中　うるせえよ！　それはアメリカの昼食会で言ったんだよ。その後も「安保法案、国会通過よかったです！」って言わされてたけど、あの歳の園児たちに言わせるのはどうかと思うね。

太田　園児もかわいそうだよな。きっと心のなかでは、「アベ政治を許さない！」って言いたかった子もいるだろうし。

田中　いねえよ！　何の意味もわからず言わされてんだよ！　それにしても安倍さん、ピンチだね。ついこの間まで、トランプ大統領との会談もうまくいって調子よかったのに。行く前は心配されたけど、終始親密な会談だったよね。

太田　二人で手を取り合って、線路で写真撮ってたもんな。

田中　それは松本伊代ちゃんと早見優ちゃんだよ！　安倍さんとトランプさん！　握手の時間が長かったのも話題になったね。数えたら十九秒もあったって。

太田　それは長いな。ＡＫＢ48の握手会なら、スタッフにつまみ出されてるぜ。

田中　知らねえよ！　いままでにない好待遇でね。フロリダでゴルフやったんだけど、エアフォースワンとヘリを乗り継いでいったらしいね。

太田　最初、オスプレイで行こうとしたら二人で断ったらしいな。「そんな危険なもの乗れるか！」って。

田中　そんなわけねえだろ！　また、トランプの別荘が広大な敷地で豪華で凄かったね。

太田　あれ見ると、舛添さんの湯河原の別荘なんて大したことなくて、許したくなったよな。

田中　それとこれとは話が別だろ！　とにかく大歓迎された。食事も五回したんだって。

太田　お前らギャル曽根か！

田中　いっぺんに食ったわけじゃねえよ！　二人は終始仲良さそうだったね。トランプさんは、ツイッターに安倍総理とのツーショットを投稿してたよ。

太田　二人とも犬の顔してたな。

田中　何、加工してんだよ！　女子高生か！　それから、芸能界では突然の引退が多くなってるね。ビックリしたのは清水富美加さん。突然、幸福の科学に出家するっていう。

太田　〝神ってる〟な。

田中　そういう使い方するな！　仕事のことでも、いろいろ悩んでたみたいだね。

太田　まあ、そりゃそうだろう。芸能界って華やかに見えるけど、最初のうちは嫌な仕事もたくさんあるからな。ちょっとは我慢しないと。

田中　特に、ブルマやスクール水着の仕事が嫌だったらしいね。

太田　ああ、たしかにそれは俺も嫌だな。マネージャーに「明日の仕事何？」って訊いて、「ブルマと水着の撮影です」って言われたら俺も出家しちゃうかもしれない。

田中　お前にそんな仕事こないよ！　とにかく水着は辛かったみたいだね。

太田　ちょっと前に、小島よしおもそんなこと言ってたな。
田中　それはネタに詰まってたんだよ！
太田　「いつ水着をやめればいいのか。やめ時がわからない」って。
田中　一緒にすんな！　いい加減にしろ！

2017.6

田中　相変わらず森友学園問題で国会は混乱してるけど、焦点がだんだんずれて、「安倍昭恵夫人から百万円の寄付があったかどうか」って話になってるね。証人喚問では籠池氏は、「昭恵夫人の付き人の谷査恵子《さえこ》さんからファックスもらった」とか、「昭恵夫人から直接金子をもらった」とか証言したりして……。
太田　「谷でも金」ってことだな。
田中　違うよ！
太田　それにしても籠池理事長、金のことを〝金子《きんす》〟って言ってる時点で、悪者に決まってるよな。
田中　そんなことねえよ！

2017

太田　〝金子〟って、悪代官しか言わねえぜ。

田中　うるせえ！　今回の件で、総理の妻である昭恵さんは「公人か、私人か？」で議論になったね。

太田　籠池理事長の妻の諄子《じゅんこ》さんも、「奇人か、変人か？」で意見が分かれてるね。

田中　やめろよ！　あと、昭恵夫人と諄子夫人のメールのやりとりも公開されたね。

太田　昭恵さんが「友達で押し通す予定！」って出してて。

田中　それ、ベッキーだよ！

太田　諄子さんが「あまりにもひどい！　助けてください！」って送ったら、昭恵夫人が「レッツ・ポジティブ！」って。

田中　だから、ベッキーだろ！

太田　ベッキーもアッキーも似たようなもんだろ。

田中　全然違うよ！　そんななか、辻元清美議員が塚本学園に侵入したって、籠池夫人がメールで書いていて……。

太田　〝辻ちゃん〟と〝籠ちゃん〟でケンカしちゃダメだよな。

田中　ミニモニみたいに言うな！　あと、豊洲の問題もずっと揉めてるね。元知事の石原さんが百条委員会の冒頭で、自分は病気の後遺症で「ひらがなを忘れた」って告白したのは衝撃的だった。
太田　じゃあ、「みのもんた」とか「やくみつる」とか読めないのかな？
田中　そういう問題じゃねえだろ！
太田　「つのだ☆ひろ」なんて書かれたら、パニックだろうな。ひらがなだけでも読めないのに、真ん中に☆が付いてるんだぜ。
田中　うるせえよ！
太田　あと、「てるみくらぶ」も。
田中　しつこいよ！　それにしても、そのてるみくらぶ倒産も大変な話題だよね。驚いたのは、てるみくらぶは二〇一七年度の新入社員として五十人に内定を出していて、問題発覚後に内定取り消しを伝えたんだって。
太田　かわいそうすぎるだろ！　せめてその学生たちは、次はもっと安心できる会社に就職してほしいな。
田中　たしかに。
太田　東芝とかな。
田中　東芝もいまは微妙だよ！
太田　「明日をつくる技術の東芝」って、まずお前に明日はあるのか？

田中　やめろ！　それにしても、てるみくらぶだけど、旅行中の人は帰れなくなって、芸能界でも被害に遭った人がいたよね。タレントの矢部みほさんや先輩芸人のぶっちゃあさん。

太田　あと、ニューヨークから帰れなくなった渡辺謙さんとかな。

田中　それは別の理由だよ！『週刊文春』で不倫が発覚したんだよ！　謙さんもアメリカで記事見て、ビックリしただろうね。

太田　思わず、「ホワイ、ジャパニーズ、ピーポー！　センテンススプリング！」って叫んだらしいな。

田中　アメリカにいたからってそんな言い方しねぇよ！　娘で女優の杏さんは前に双子を出産しているけど、この報道はちょうど三人目の妊娠が明らかになった時で、ショックだったろうね。

太田　孫も驚いただろうな。お祖父ちゃんに対して、「ちょっと！　ちょっとちょっと！」って言ったらしいよ。

田中　ザ・たっちかよ！『週刊文春』には謙さんがソファーで寝てる写真とか、スマホアプリで犬になってる写真とかが出ててビックリだね。

太田　渡辺謙を柴犬にしてどうすんだよ！

田中　くだらねえよ！　しかし、そんな画像、誰が流出させたんだろう。どう考えても近い人間だよな。

太田　東出昌大だろうな。

田中　そんなわけねえだろ！　何の目的だよ！　それから問題になっているのが、劣悪な環境の認定こども園「わんずまざー保育園」。あの給食の写真は衝撃的だったね。

太田　皿が大きすぎるだろ！

田中　違うよ！　中身が少ないんだよ！　なかには、おかずがカレースプーン一杯に満たない園児もいたっていうからひどいもんだね。

太田　〝ワンスプーン〟って呼んでたらしいな？

田中　そんなお洒落なもんじゃねえよ！　寒い時でも電気代節約のために、暖房をつけなかったらしい。

太田　園長が寒がる子供をずっと抱きしめてたって話だな。

田中　そんなことねえよ！　ちょっと良い話っぽくするな！　あと、園児たちが残したご飯を冷凍して、後日、出したりしていたらしい。これには保護者も、「子供はペットか！」って怒ってたね。

太田　園長は、「ペットならもっと可愛がってるわ！」って逆ギレしてたけどな。

田中　してねえよ！

2017.7

田中　将棋の最年少プロ棋士、藤井聡太四段が連勝を重ねて話題になってるね。まだ十四歳だっていうんだから凄いよね。
太田　たしかに。十四歳っていったら中二だもんな。〝中二病〟だぜ。
田中　違うよ！　あの少年、羽生さんに勝ったっていうのも凄いよね。
太田　フィギュアで？
田中　違うよ！　将棋の羽生《はぶ》善治さんだよ！　フィギュアは羽生《はにゅう》結弦《ゆずる》君だろ！　先日も、地元の愛知県で初指導してたね。なんと小学生八十九人と同時に対局してた。
太田　全敗だったらしいな。
田中　そんなわけねえだろ！　そうしたら、その小学生たちのほうが話題になってるよ！
太田　「勝ったら一千万円」って話だったんだよな。
田中　それはボクシングの亀田興毅だよ！

太田 ユーチューバーがいい試合したらしい。

田中 だからそれは亀田！　ところで心配なのは、北朝鮮問題だよね。最近はアメリカとの関係が緊迫してきてる。

太田 「キム・パク」って言われてるよな。

田中 「緊迫」のこと、そんな言い方しねえよ！　金正恩は相変わらず「核のヒョウを降らせてやる！」なんて言って強気だし、トランプ大統領も「世界最強の艦隊を向かわせた！」ってこっちも強気だからね。

太田 あの二人、中身入れ替わっても誰も気づかないだろうな。

田中 そんなことねえだろ！

太田 アニメ化したら面白いよ。

田中 何だよ、アニメ化って？

太田 『キムの名は？』って。

田中 『君の名は。』じゃねえかよ！

太田 トランプがある朝、起きて鏡見て叫ぶんだよ。「入れ替わってるスムニダ！」。

田中 やめろ！　最近は、北朝鮮のミサイル発射情報などを知らせる、全国瞬時警報システム「Jアラート」が話題だね。ただ、格安スマホとか古い機種には届かないらしい。

太田　じゃあ、平野ノラは絶対ダメだな。肩からデッカいの担いで、「しもしも〜？」なんて言ってるもんな。

田中　あれはネタだよ！

太田　クロマティと一緒に逃げ遅れるんだろうな。

田中　うるさいよ！　それからこの前、政府が「北朝鮮からミサイルが飛んできたら」っていう避難マニュアルを発表したね。

太田　タイトルが『北の国から　2017弾道』っていう。

田中　『北の国から』（フジテレビ系）のスペシャルドラマみたいに言うな！

太田　田中邦衛が出てきて、「…ジョンウン！　ジョンウンよぉ……」って。

田中　「ジュン」みたいな呼び方すんな！　内容は具体的で、「ミサイルが近くに落ちたら換気扇を止め、窓の目張りをして室内を密閉する」って書いてある。

太田　外に出られないから、しばらく食事は宅配ピザだな。

田中　ピザも来ねえよ！　あと、車に乗っている場合、安全な場所に停めて、姿勢を低くして待機。

太田　なんか本当スミマセン、私みたいなもんがこんな所で……。

田中　そういう低姿勢じゃねえよ！　防毒マスクとかの需要も増えるかもしれないね。
太田　テレビショッピングでやったりしてな。八波一起《はっぱいっき》と奈美悦子と社長がいて。
田中　トーカ堂かよ！
太田　社長が「今日、ご紹介するのは、こちらの防毒マスク！」。
田中　なんか嫌だな。
太田　奈美悦子が「また社長！　この前のやつだけでも凄かったのにぃ」なんて言って。
田中　そのわざとらしいやりとり、やめろ！
太田　「そうでしょう、奈美さん。今回、さらに凄いんです！　何とこれ、いままでの防毒マスクと違い、フィルターが二種類あって、放射能でもサリンでも大丈夫！」「えー！　社長！　どうしてそうなるの？」。
田中　暢気だな！
太田　「色もブラックとレッドの二種類」「わぁ、これいい！　お洒落！」。
田中　やめろ！
太田　「今回、これが本当に最後です！　お祭りということで、これだけではありません」「ちょっとまたまたぁ、社長やめてよー！」「今回、これに、こちら！　あこや真珠の一粒大玉ネックレス」「嘘でしょう！」。

田中　関係ねえじゃねえか！

太田　「ちょっと実験してみましょう。こちら放射性物質で、こちらサリン。私に向かって投げてください」って渡した途端に、二人とも倒れちゃって。

田中　当たり前だよ！

太田　「今回、全部お付けして、なんと！」って言ったあと、少し小声で「……一万九千八百円」。

田中　ふざけてるだろ！　あと国内で話題になったのは、今村雅弘復興大臣が、東日本大震災について、「東北でよかった。首都圏だったらもっと大変だった」と発言して辞任したことだね。

太田　いわゆる〝都民ファースト〟ってことだな。

田中　違うよ！　今村さんは前にも、記者を怒鳴りつけたりして問題になってたね。

太田　キレ芸なんだろうけどな。

田中　そうじゃねえよ！　会見の時、『エヴァンゲリオン』のネクタイしてて話題になったけど、あれを原作者が見ててクレーム言ってたね。「あんなバカな大臣に締めてほしくない」ってことなんだろうけどね。

太田　だから、いまは『天才バカボン』のネクタイに替えたらしいな。

田中　そんなわけねえだろ！　あのネクタイは作ってる会社が福島にあって、応援する意味でしてたらしいんだけど、よりによってその時に怒鳴っちゃうなんて、かえって逆効果になっちゃったね。

太田　〝怒りシンジ〟ってシャレなんだろうけど、伝わらないよな。

田中　そんなシャレのつもりじゃねえよ！　今村大臣はその後、結局、辞任に追い込まれた。

太田　〝辞任ゲリオン〟って呼ばれてるらしいな。

田中　呼ばれてねえよ！　それにしても自民党は不祥事や失言が多くて、安倍さんも森友問題はまだ決着ついてないし、もうボロボロで、新しい大臣はもう絶対失敗できないって言われてるよね。

太田　党内では〝安倍内閣復興大臣〟って言われてるらしいな。

田中　そんなわけねえだろ！　最近ショックだったのは、元タレントでセクシー女優の坂口杏里ちゃんが恐喝未遂で捕まったこと。ホストの男性を脅して、三万円を奪おうとしたっていうんだから。

太田　〝三万円事件〟として歴史に残るだろうな。

田中　残らねぇよ！

太田　それにしても、たかが三万円で人生棒に振っちゃうなんて、悲しいよな。そんなに金に困ってたんだったらホストの所なんか行かずに、俺の所に来れば三万円ぐらい貸してあげたのに……。

田中　まぁ、特に付き合いがあったわけでもないからね。

太田　いや、芸能界の先輩として、俺じゃなくても誰だって貸したと思うぜ。

田中　それはそうだろうけど……。

太田　俺だったら「返さなくていいから」ってあげてたよ。「小峠（英二）からもらうから気にすんな」って。

田中　なんで小峠から取るんだよ！　セコイよ！

太田　で、小峠の所に行って、「杏里ちゃんに五万円貸したから、よこせ」って。

田中　何、金額多めに言ってんだよ！　詐欺じゃねえか！

太田　気がついたら俺が捕まっちゃったりして。

田中　バカか！

太田　何て日だッ！

田中　うるせえ！

2017.8

太田　何と言っても、話題は田中君のところに子供が生まれたことだね。
田中　ありがとうございます。
太田　隠し子ですけどね。
田中　違うよ！
太田　ちなみに、名前は松田聖子の「聖」と書いて「こうき」と読むんだよな。
田中　元KAT-TUNの田中聖じゃねえよ！　大麻所持で捕まった奴だろ！　いま、絶対つけないよ！　しかも女の子だよ！
太田　どっちに似てるんですか？
田中　いまのところ、僕ですね。
太田　生まれた瞬間、医者に「そんなわけねえだろ！」って言ったりして。
田中　そんなわけねえだろ！
太田　あ、やっぱり。
田中　違うよ！

太田　やっぱり可愛いもんなの？
田中　そりゃ、可愛いね。
太田　俺とどっちが？
田中　赤ちゃんに決まってんだろ！
太田　俺は赤ちゃんより、お前のほうが可愛いよ。
田中　気持ち悪いこと言うな！　さて、最近びっくりしたのは、俳優の小出恵介さんが未成年との飲酒と淫行が暴露されて、事務所が無期限の活動停止を発表したことだね。
太田　事務所側が「こんなことしてどうするんだ？」って訊いたら、「こいでいいのダ！」って言ってたらしい。
田中　そんなわけねえだろ！　それにしても、小出さんはかなり売れっ子だったから、もう収録済みのドラマとか撮影途中のものとかあって大変みたいだね。ＮＨＫでは、主演のドラマが放送中止になったね。
太田　まあ、俺は結構スケジュール空いてるから「代役やれ」って言われればやるけど……。
田中　言われるわけねえだろ！　全然違うんだから！

太田　でも、いまからだったら、ドラマ撮り直すのは間に合わなかったりするだろうから、バラエティに差し替えるってこともあるかもしれないじゃん。急場凌ぎなら、生放送のロケで、街歩きとかならできそうだろ？　『爆笑問題の家族に乾杯！』とかいって、フラッとアポなしで家にお邪魔して、子供に酒飲ましちゃったりして。

田中　かかわったすべての人が活動停止になるよ！　政治では、連日、報道されているのが加計学園だね。

太田　森友に続く〝学園もの〟だね。

田中　ドラマじゃねえよ！

太田　安倍内閣はいま、「学園天国」って呼ばれてるからな。

田中　呼ばれてねえよ！

太田　「アイツもコイツもあの席を〜♪」。

田中　うるせえよ！　でも、安倍さんと加計学園の理事長は、本当に親しい間柄なんだよね。

太田　安倍さん自身が言ってるからね。「理事長と私は腹心の森友です」って。

田中　腹心の友だよ！　でも、本当に仲のいい友達なんだよね。

太田　その友達の友達がアルカイダだからな。

田中　それは鳩山邦夫元議員だよ！　総理のご意向と書かれた文章が公開され、菅官房長官は〝怪文書〟と言ってたけど、元文科省官僚の前川喜平さんは「文章は本物」と証言して話題になってるね。

太田　偽物かどうかってワイドショーでやってるけど、番組に小倉智昭さんが出てきて「偽物なのか本物なのか、どっちなんでしょう？」とか言うと、「その前にお前のそれは？」って思っちゃうんだよな。

田中　やめろ！　それって何だよ！　あと、前川さんは「出会い系バー」に通ってたってことが大きく取り上げられて話題になったね。前川さん自身は、「女性の貧困調査が目的だ」って言ってるけど。

太田　実際、そうだったらしいね。そのバーに行ってみたら、ボロボロの服の女しかいなかったって。

田中　そんなことねえよ！　この問題について国会で追及されてる時、安倍さんはやたらと印象操作って言葉を口にすることが多いよね。

太田　滑舌悪いのに、何であんな言いにくい言葉使うんだろうな。

田中　関係ねえだろ！　これは「獣医学部を新設するかどうかについて、総理の意向が忖度《そんたく》されたかどうか」って話だけど、獣医師はもう充分にいるって言われてる。

太田　でも、なんだかんだ言って、獣医が増えるのはありがたいって知り合いの犬は言ってた。

田中　なんだ、その知り合いの犬って！　わけわかんないボケするな！　あと、小池百合子都知事が自民党を離党して、「都民ファーストの会」の代表に就任、完全に対決姿勢になったね。自民党側は、小池さんを豊洲移転や東京オリンピックの問題について、「決められない都知事」と攻撃してるよね。

太田　都議選はどうなるんだろうね？

田中　自民党は離党届を受理しないで、当面保留するって話だね。

太田　決められないのはお前らじゃねえか！

田中　そういうこと言うな！　選挙の結果でどうするか決めるんじゃないかって言われてるね。

太田　「さしこ（指原莉乃）が三連覇したら受理する」って言ってたな。

田中　ＡＫＢ48じゃねえんだよ！　それから驚いたのが、タイガー・ウッズの逮捕だよね。飲酒運転で意識朦朧として車に乗ってたとか。あの逮捕された時の写真は、変わり果ててショックだった。最初はタイガー・ウッズだってわからなかった。

太田　ガリガリガリクソンかと思ったもんな。

田中　思わねえよ！　たしかに似たような事件だったけど！
太田　警官とのやりとりの映像もあったけど、タイガーはもうフラフラで変だったな。「タイガーか？」って聞いたら「……ウッズ」って。
田中　そんな「うっす」みたいなこと言ってねえよ！　それにしても、あのスーパースターだった人が信じられないよね。元はと言えば、「十九人の愛人がいる」って騒動あたりからおかしくなっちゃった。
太田　「俺の愛人十九ホール」って言ってたもんな。
田中　うるせえ！　下ネタか！　あと同じゴルフの話題では、あの宮里藍ちゃんが引退を発表したよね。
太田　〝みやぞん〟ね。
田中　そんなあだ名じゃねえよ！　引退は惜しいけど、あれだけの選手だから、今後も各方面で引っ張りだこだろうね。
太田　ＣＭ依頼なんかガンガンくるんだろうな。
田中　たしかにね。
太田　まず、「二木ゴルフ」のＣＭは確定だな。
田中　そんなもんじゃねえよ！

太田　いま、林家一門もいろいろ雲行きが怪しいから……。
田中　そこは触れるな！　いい加減にしろ！

2017.9

田中　話題と言えば、やはり将棋の藤井聡太四段だね。わずか十四歳で、二十九連勝。歴代新記録だからね。
太田　巨人なんか、みんないい歳して十三連敗だもんな。
田中　うるせえ！　関係ねえだろ！　しかし凄いよね、藤井四段。
太田　もう五段でいいよな。俺はこれから五段って呼ぶよ。
田中　勝手に決めるな！　四段は四段なんだよ！　ワイドショー的には勝負飯が話題だね。ゲン担ぎで同じ物を食べる人も多いらしいね。
太田　大事な勝負の前とかね。「これ食って、明日の藤井四段との対局に勝つぞ！」なんて。
田中　対戦相手かよ！　その時点で気持ちが負けてるよ！　しかも非公式ながら、あの羽生善治さんにも勝ってるからね。

2017

太田　羽生に勝てるなんて、他にはマングースぐらいしかいないからな。
田中　その〝ハブ〟じゃねえんだよ！　くだらねえよ！
太田　まだ十四歳だからな。これから何年かして、彼女とかできたら大変な騒ぎだろうな。
田中　たしかにね。
太田　普通だったら、将棋やってる奴なんて一生童貞のはずだからな。
田中　そんなことねえよ！　失礼なこと言うな！　その一方で、将棋界のレジェンド、〝ひふみん〟こと加藤一二三九段が引退したね。
太田　ああ、加藤一二三四五六七八九段な。
田中　四から八まで余計だよ！　加藤一二三九段！　それから話題なのは、早稲田実業の清宮幸太郎選手が、高校通算百号本塁打。凄いよね。
太田　プロになっても大活躍するだろうな。
田中　そうなってほしいね。
太田　本塁打をガンガン打って、肉体改造して、タトゥー入れて、捕まって。
田中　清原じゃねえかよ！
太田　しばらくいなくなったあと、突然、ヘルメットにひげもじゃで現れて。

田中　野村貴仁かよ！　それにしても、藤井君にしろ、清宮君にしろ、最近は十代の人の活躍が凄いよね。

太田　小出恵介を『フライデー』に売った女の子もいたな。

田中　それは活躍じゃねえよ！

太田　でも清宮君といえば、いまの巨人は喉から手が出るほどほしいだろうな。

田中　そりゃ清宮君に入ってもらって、いまのピンチを救ってほしい気持ちはやまやまだけど、本人はまだプロに行くとは宣言してないからね。大学進学かもしれないし。

太田　加計学園に入っちゃったりしてな。

田中　何でだよ！　ありえねえだろ！

太田　「僕はこの学園のピンチを救いたい」って。

田中　バカか！

太田　それにしても、いまの巨人の弱さはどうしちゃったんだろうな？

田中　一番の原因は、とにかく打てないってことだよ。

太田　北朝鮮のほうが撃ってるもんな。

田中　あれはミサイルだろ！　一緒にすんな！　それから最近の話題なのは、何と言っても、自民党の豊田真由子議員が元秘書の男性に暴行、暴言を浴びせていたニュースだよね。連日、ワイドショーで元秘書が録音していた音声が公開された。

太田　すべてのワイドショーでやってるけど、何と言っても『とくダネ!』で見るのが一番ドキドキするよな。

田中　どういう意味だよ!

太田　小倉さんが「続いてはこの話題です」って言ったあと、いきなり「このハゲーーー!!」って叫び声流れるんだぜ!　心臓止まるかと思うよ。

田中　やめろ!　お前の言ってることのほうがドキドキするよ!

太田　小倉さんの頭指さして、「ちーがーうーだーろぉー!」って。

田中　うるせえよ!　しかし、あの豊田議員の暴言は、連日新しいのが出てくるから凄いね。ある時はミュージカル調だったりしたし。

太田　あの頃、ちょうど映画『ラ・ラ・ランド』観た直後だったらしいな。

田中　そんなわけねえだろ!

太田　『と・と・豊田』。

田中　意味わかんねえよ!

太田　今回のやりとり、ディズニーでミュージカル化の話も出てるらしいな。

田中　出るか!

太田　『秘書と野獣』って。

田中　うまくねえよ！　それから、急に赤ちゃん言葉で罵ったりするんだよね。「そうでちゅかぁ〜、あるんでちゅかぁ〜」って。

太田　で、またその秘書も「そうなんでちゅ〜」って答えてて。

田中　答えてねえよ！　なんで赤ちゃん同士なんだよ！　だったら問題ないだろ！　しばらく豊田議員の話題一色だったけど、一気に話題をさらっていったのが、松居一代さんのユーチューブ動画だよね。おしどり夫婦だったはずの船越英一郎さんの裏の顔を暴くって言って……。

太田　動画のタイトルが「船越英一郎をディスってみた」。

田中　そんなタイトルじゃねえよ！

太田　それにしても、あの動画は怖いよな。俺も夜中に見てたんだけど、途中、画面から松居さんが這い出してきて焦ったよ。

田中　貞子か！　怖すぎるよ！　松居さんと船越さん。両者の言い分が真っ向から対立している。船越さん周辺の話では、松居さんからＤＶを受けてたって話もあったりして……。

太田　マツイ棒でポカポカ殴られたらしいな。

田中　それだったら大したことねぇよ！　松居さん側としては、船越さんが「自分の親友とハワイで不倫してた、バイアグラ飲んでセックスしてた」って主張してるんだよね。

太田　「私の〝マツイ棒〟を返して！」ってな。

田中　うるせぇ！　いい加減にしろ！

2017.10

田中　最近は政治がいろいろと大変だね。失言が続いていた稲田朋美防衛大臣がとうとう辞任したけど、記者団からいまの心境を聞かれた際は「空ですね」って答えてたね。

太田　陸と海を忘れちゃってるんだから、やっぱり防衛大臣失格だよな。

田中　別にそういうことじゃねぇよ！

太田　ナスDも怒るぜ。

田中　それは『陸海空　こんな時間に世界征服するなんて』（テレビ朝日系）ってテレビ番組だろ！　まったく関係ねぇよ！　で、結局、安倍内閣は支持率が下がって、内閣改造したね。
太田　〃大惨事〃安倍内閣発足だな。
田中　第三次だよ！
太田　メンバーは〃三代目アベソウルブラザーズ〃って呼ばれてるな。
田中　呼ばれてねぇよ！　注目の防衛大臣は小野寺五典《いつのり》さんが就任したね。稲田さんの悪い部分は踏襲しないで、良い部分だけを受け継いで頑張ってほしいね。
太田　「網タイツは受け継ぐ」って言ってるらしいな。
田中　気持ち悪いよ！　今回変わったところでは、「人づくり革命大臣」ってポストが新設されて、茂木敏充さんが就任したね。
太田　あの人、公明党だっけ？
田中　自民党だよ。何で？
太田　だって、人間革命大臣だろ？
田中　うるせえよ！　「人づくり」だよ！　優秀な人材をつくっていくってことだろ。
太田　お茶の水博士みたいなもんか。
田中　それは鉄腕アトムをつくった人だろ！　全然違うよ！　でも、自民党はここへ来てスキャンダルが多発してるね。何といっても驚いたのが、元ＳＰＥＥＤの今井絵理子議員が、新幹線のなかで橋本健神戸市議と手を繋いでる写真がスクープされて、同じホテルに泊まって一緒の部屋で朝まで過ごしたことも報じられたことだよね。二人は「一線は越えてない」って言ってたけど。

太田　「一線は越えてないけど、一戦は交えた」って言ってたな。

田中　言ってないよ！　しかし、一線は越えてないってどういうことなんだか、いまひとつハッキリしないよね。

太田　「ペッティングまではした」ってことだろ。

田中　思っても具体的に言うな！　でも、一線がどこなのかってのは人によって解釈が違うから、かえって波紋が広がった部分もあるよね。

太田　なかには、「コンドームしていれば一線は越えてない」って奴もいるからな。

田中　そんな理屈が通るわけねえだろ！　とにかく、今井議員の釈明会見は世間からの批判をさらに大きくして、「ホテルの部屋で一線を越えてないっていうのは苦しい」と、自民党の議員からも批判が出てるよね。

太田　豊田真由子議員なんか、「ちーがーうーだーろー！」って叫んでたな。

田中　それは別のことだよ！　それにしても、新幹線内の動画といい、ホテルでのパジャマ姿といい、最近の週刊誌は凄いよね。あんなの、近くにいる人にしか撮影できないと思うんだけど。

太田 撮ったの、元SPEEDの仁絵ちゃんじゃないかって噂だよな。

田中 そんな噂ねえよ！　相手の橋本議員も、会見では汗でびっしょりになりながら釈明してたね。

太田 〝汗だく担当大臣〟って言われてるよな。

田中 言われてねえよ！　大臣たちもいろいろあるけど、安倍さんの支持率が下がった本来の原因は、やっぱり森友学園、加計学園問題がまだちゃんと決着してないってことだと思うんだけど、とうとう籠池夫婦が逮捕されたね。逮捕当日、家を出る時の籠池さんが印象的だったね。即興で歌を詠んで、「……あーよき天気。心安らかなり。『日本の夏　蟬《せみ》の声　いま静かにして木の下に宿れるなり　我が心　その宿れるなりと同じき　安き心にある』……行ってきます」って言ったら、諄子夫人が「お父さん格好いい！」。

太田 お前ら、オリエンタルラジオか！

田中 「アッちゃん格好いい！」じゃねえんだよ！　それから、相変わらず話題なのが松居一代さん。ちょっと前に英語で配信してたよね。

太田 あれで全米が泣いたらしいな。

田中　泣くわけねえだろ！「ＳＯＳ！」って叫んでたけど、最後は「日本はとても素晴らしい国です。どうか日本に来てください」って言ってた。

太田　あれ見て、「あんな危ない奴がいる国に行きたい」って思う外国人はいないと思うけどな。

田中　そういうこと言うな！　松居さんはブログで、船越さんの出てる帯番組への抗議を呼びかけてたね。実際、抗議が殺到してるらしい。

太田　「あの『ひるおび！』（ＴＢＳ系）の司会者辞めさせろ！」って。

田中　違うよ！　それは恵俊彰だろ！　お前が言いたいだけじゃねえか！　それから相変わらず、上西小百合議員も定期的に炎上してるね。

太田　〝浪速のロッキー〟な。

田中　〝浪速のエリカ様〟だよ！　たしかに毎回戦ってるけど、何か呟くたびに炎上するんだから凄いよね。

太田　〝火の化身〟って言われてるよな。

田中　言われてねえよ！　でもビックリしたのが、上西さんの主演の映画が公開されるらしいね。そんなことになったらまた波紋を呼びそう。

太田　舞台挨拶で、「別に……」って言っちゃったりして。

田中　それは本当のエリカ様だよ！　あと驚いたのは、あの泰葉が袋とじでヘアヌードになったことだね。
太田　雑誌買って、勇気出なくて袋とじ開けなかったの初めてだよ。
田中　開けろよ！　失礼だろ！　それにしても、最近は次から次へと女性が話題になるよね。
太田　これが安倍さんが言ってた〝女性活躍社会〟なんだろうな。
田中　そんなわけねえだろ！　いい加減にしろ！

2017.11

田中　北朝鮮が、相変わらず不穏な動きを繰り返してるよね。この前もミサイルを撃ってきた。
太田　しょっちゅうミサイル撃ってるよな。最近じゃ、ちょっと間が空くと「元気かな？」って心配になるもんな。
田中　そんなことねえよ。でも、日本の上空をミサイルが通過してると思うと怖いね。
太田　お前はチビだから当たらねえよ。

田中　うるせえ！　そんなわけねえだろ！

太田　お前の手前で、川合俊一に当たるから大丈夫だよ。

田中　どんだけ低いところを飛んでんだよ！　でも最近では、しょっちゅうJアラートが鳴って、落ち着かないね。

太田　これだけ鳴らす金正恩は〝三代目Jアラートブラザーズ〟だな。

田中　他に誰がいるんだよ！　でも通過したあとに、Jアラートで「この地域の上空をミサイルが通過した模様です」みたいな文章送られてきても意味ないんじゃないか、って意見もあるよね。着弾するとしたら発射から数分後だっていうから、その間に何ができるのか？　って話だよね。

太田　着弾したあとにもメール来るのかな？　「この地域にミサイルが落ちました。このメールが届いたということは、あなたはもうこの世にいません」とか……。

田中　まったく意味ねえだろ！　この前のミサイルは最初、「グアムに撃つ」って言ってたけど、結局、別方向に撃って、襟裳岬の上を通過したんだよね。

太田　森進一もビックリしたろうな。

田中　歌を歌ってただけで、直接は関係ねえよ！

太田　ミサイル見上げて、「古い友達が訪ねてきたよ」って言ったらしいよ。

田中　そんなわけねえだろ！　不謹慎だぞ！　他に話題になったことと言えば、新千歳空港で飛行機の離陸が遅れて乗客がイライラしてた時、ちょうど搭乗していた松山千春さんが「一曲歌いましょうか」ってＣＡからマイク受け取って、「大空と大地の中で」を歌ったことだね。ネットに動画が上がっていたけど、凄かったよね。

太田　やってることはハイジャックすれすれだけどな。

田中　そんなことねえよ！　航空会社も「助かった」って言ってるんだから。なんせ離陸が一時間も遅れてて、お客さんも相当イライラしてたらしいからね。

太田　困ったＣＡが、「お客様のなかに歌手の方はいらっしゃいませんか？」って言って、千春さんが手を挙げたらしいよ。

田中　そんなわけねえだろ！

太田　でも、あれは千春さんだったからこそできたことで、他の歌手じゃ、ああはいかないよな。

田中　そうかね？

太田　歌も「大空と大地の中で」って、これから離陸しようとする飛行機の中の状態にピッタリだったし。

田中　たしかにね。

太田　鳥羽一郎さんが出てきて『『兄弟船』歌います』って言っても、「船じゃねえかよ！　引っ込めバカヤロー！」って言われてお終いだもんな。

田中　そんなことねえよ！　喜ぶ人、大勢いるよ！

太田　「しかも漁船か！　小っちぇえ船じゃねえかよ！」って。

田中　失礼なこと言うな！　乗り物がそれほど重要なことじゃねえんだよ！

太田　中森明菜なんか、大変だぜ。「まっさかさまに落ちてデザイア〜♪」だもん。「縁起でもねえ歌、歌うな！」。

田中　そんなことにはならねえよ！

太田　日野晧正さんなんかがいたら、大変だぜ。

田中　やめろ！

太田　客の髪の毛摑んで振り回して、往復ビンタもしちゃって……。

田中　それは完全にハイジャックじゃねえかよ！　趣旨が違ってるよ！　それにしても、あの日野晧正さんの事件も賛否両論だったよね。中学生のジャズの発表会で、ドラム演奏をなかなかやめなかった中学生の髪の毛を摑んで振り回して、最後には往復ビンタした。あの映像は衝撃的だったよね。

太田　あの生徒が小倉さんだったら、大変なことになってるぜ。

田中　だからやめろよ！　何で小倉さんになるんだよ!!

太田　頭振り回してるつもりなんだけど、やたらと軽く感じて……。

田中　いいよ、もう！　あと最近の話題と言えば、歌手のＡＳＫＡさんが、久しぶりに新曲のためのミュージックビデオの撮影で人前に出てきたね。撮影ではファンに向かって、「俺、変じゃないから」って言ってた。

太田　ＡＳＫＡさんは、もともと変じゃないよ。あれは、謎の組織「ギフハブ」に変にされただけだから。

田中　それが変だろ！　でも明るくて元気そうで、言ってることもまともになってたね。

太田　ちょっと前まで明らかに変だったもんな。隣りの人に向かって突然、「このチャゲー！」って叫んだりして。

田中　そんなことねえよ！　豊田真由子議員じゃねえんだから！　それから話題になったのは、今年の『24時間テレビ』（日本テレビ系）だよね。歴代二位の視聴率だったんだろ。今回はマラソンランナーが当日発表で、誰が走るのか話題になったね。結局、本当に当日まで本人も知らなかったらしいよ。

太田　番組スタッフも全員知らなかったらしいな。

田中　そんなわけねえだろ！　番組できるか！　ランナーの条件は、「当日武道館にいて、走る理由がある人」「何かしら最近の話題がある人だろう」って言われてて、結局ブルゾンちえみだった。

太田　籠池さんだったら面白かったのにな。

田中　そんなわけねえだろ！

太田　ゴール地点で諄子夫人が待ってて、「お父ちゃん！　格好良い！」って抱き合って泣いたりして。大感動だぜ。

田中　そんなの誰も感動しねえよ！　いい加減にしろ！

2017.12

田中　世間は選挙で大変な騒ぎだね。今回は「大義なき解散」なんて言われて、「森友学園や加計学園をうやむやにする解散だ」という批判もされてるよね。

太田　あと、まずい給食問題ね。

田中　それは関係ないだろ！

太田　いまでも、まずいまんまだからな。

田中　だから関係ねえんだよ！　今回、台風の目になってるのが、小池百合子都知事だよね。突然、「希望の党」を立ち上げて。記者会見も凄かったよね、細野議員とか若狭勝議員とかのメンバーが席に座って、そこに映像が流れて……。

太田　最初、間違って、細野さんと山本モナがキスしてる映像が出ちゃって、大慌てだったな。

田中　出てねえよ！　前原誠司さんは小池さんと合流するってことで、民進党は分裂。枝野幸男さんが「立憲民主党」を立ち上げた。

太田　残ったのが〝神戸民主党〟。

田中　山口組か！

太田　もう一つが〝任俠団体民主党〟な。

田中　そんなわけねえだろ！　小池さんが出馬するんじゃないかって言われてたけど、結局、出なかったね。これに関しては、自民党の小泉進次郎さんも批判してた。

太田　口調がお父さんそっくりでね。「小池さんは出ても無責任！　出なくても無責任！　……感動した！」。

田中　何で感動するんだよ！　小池さんは、「アベノミクス」に対抗して「ユリノミクス」って言ってたね。

太田　それに対抗して、山尾志桜里議員が「不倫のセックス」って言いだしちゃって。

田中　そんなわけねえだろ！　何、考えてるんだよ！　希望の党の公約では「12のゼロ」で、「原発ゼロ」「待機児童ゼロ」「隠蔽ゼロ」……と十二個のゼロを掲げていた。

太田　で、十二個目が「これらの実現性ゼロ」。

田中　そんなわけねえだろ！　他にもあるんだよ。「ブラック企業ゼロ」とか。

太田　で、俺がこの報道を知ったのが、『NEWS ZERO』（日本テレビ系）。

田中　関係ねえよ！　ビックリしたのが、小池さんが党の公認候補者との写真撮影で、撮影料として三万円徴収してたってことだね。

太田　さらに凄いのがオプションで、ハグすると五千円。

田中　そんなのねえよ！

太田　ナース服八千円。

田中　やるか！

太田　ヌードなら自分が払うって言ってるらしいな。

田中　そんなわけねえよ！　あと、毎年この時期になると話題になるのが、ノーベル文学賞だよね。毎年、村上春樹さんが、取るか取らないかで話題になるけど、今回はカズオ・イシグロさんに決まって驚いたね。カズオ・イシグロさんは長崎生まれ、イギリス育ち……。

太田　悪そうな奴は大体友達。

田中　ドラゴン・アッシュじゃねえんだよ！　作品は『日の名残り』や『わたしを離さないで』。最近の作品は『忘れられた巨人』。

太田　それ、『消えた巨人軍』のパクリじゃねえか。

田中　昔、ドラマでやってた西村京太郎のサスペンスだろ！　誰も知らねえよ！

太田　東京駅で、たしかに新幹線に乗ったはずの巨人の選手が、大阪で全員いなくなってるってやつ！

田中　だから違うよ！　当時も大して話題にならなかったドラマだぞ！

太田　最後、王貞治さんとか出てきて、結局、みんなで旅館の畳の間で素振りしたりしてるんだよ！　何なんだよ、あのオチ！

田中　しつこいよ！　それじゃないから！　ノーベル賞受賞にはイシグロさん本人もビックリしたらしくて、記者会見で「フェイクニュースかと思った」って言ってたよね。

太田　で、「作品については？」と訊かれて、「まだ読んでません」って言っちゃった。

田中　松本伊代ちゃんかよ！　そんな奴、ノーベル賞取れるわけねえだろ！　あと、相変わらずアメリカのトランプ大統領と、北朝鮮の金正恩委員長の罵り合いが続いてるね。トランプは金正恩のことを「リトルロケットマン」って言って、それに対して北朝鮮の外相は「犬が吠えてる」って言い返した。

太田 それに対してトランプが、「誰が犬だワン！」って。

田中 犬じゃねえか！　さらに、トランプは金正恩のことを「マッドマン」って。

太田 最終的には、金正恩がトランプのことを「トランプマン」って言ったんだな。

田中 言ってねえよ！　しかも、「トランプマン」ってたいして悪口になってないだろ！

太田 で、小池百合子のことは、「大年増の厚化粧」。

田中 それは石原さんだよ！

太田 それが一番キツイってのも凄いよな。

田中 あと芸能界では、あびる優の夫が不倫してたってのも話題になってるね。

太田 〝あびるマン〟。

田中 そんな名前じゃねえよ！　なんでも〝マン〟にするな！　名前は才賀紀左衛門《さいがきざえもん》っていうんだよ！

太田 お前は江戸時代の発明家か！

田中　違うよ！

太田　大河ドラマとか出たらややこしいよな。エンドロールで、「石川五右衛門―才賀紀左衛門」。どっちが役名だよ！

田中　うるせえよ！　あと、安室奈美恵さんが引退宣言したのは驚いたよね。凄いと思ったのは、あの菅官房長官も「寂しい」ってコメントしてたこと。

太田　まあ、菅さんと言えば、元祖アムラーだからな。

田中　違うよ！

太田　〝スガラー〟って言われてたからな。

田中　何だよそれ！　自分がカリスマになっちゃってんじゃねえか！

太田　ファンのみんなが菅さんと同じ格好して……。

田中　大体のサラリーマンがそうだよ！　世間では早くも〝アムロス〟が広がってるよね。

太田　俺なんか、泰葉引退で〝ヤスロス〟だけどな。

田中　お前だけだよ、そんなの！　それから大きな話題が、元ＳＭＡＰの香取慎吾君、草彅剛君、稲垣吾郎君が、共同で公式ファンサイト「新しい地図」を立ち上げたね。

太田　要するに、グーグルマップだな。

田中　違うよ！

太田　前からあの三人は、「伊能忠敬は信用できない」って言ってたもんな。

田中　言ってねえよ！　本当の地図作ってるわけじゃねえんだから！　これからは、いままでできなかったツイッターやユーチューブとかでも発信していくみたいだね。

太田　楽しみだな。「『夜空ノムコウ』歌ってみた」とか、「コンビニのおでんをツンツン！」とかやったりして。

田中　やらねえよ！

太田　吾郎ちゃんが突然、チェーンソーを持って宅配便屋に行って、「ユーチューバーなめんな、このやろう!!」って叫んで。

田中　やるわけねえだろ！　いい加減にしろ！

2018

2018.1

田中　トランプ大統領が来日して、大騒ぎだったね。

太田　ああ、そう言えばちょっと見かけたな。

田中　見たの？

太田　ああ、渋谷の交差点にいっぱいいたよ。

田中　それはハロウィンの仮装だよ！　トランプさんはまず、安倍首相と松山英樹プロとゴルフしてたね。

太田　完全な接待ゴルフだな。

田中　そういうこと言うな！

太田　松山がわざとバンカーに入れたりして……。

田中　わざとらしいよ！

太田　たまに間違ってグリーン乗せちゃったりすると、安倍さんがこっそりボールを林へ投げたりして。

田中　そこまでやったらバレバレだろ！

太田　で、トランプがいいショットを打つと、安倍さんと松山で「ナイスショット！　いよっ！　大統領！」なんて。

田中　本当の大統領だよ！　くだらねえんだよ！　来日にともなって厳戒態勢だったね。駅のコインロッカーが使用禁止になったりして。

太田　全部トランプが使うんだってな。どんだけ荷物持ってきてんだよ。

田中　違うよ！　テロ対策だろ！　あと驚いたのは、夕食会にはピコ太郎も同席したこと。孫のアラベラちゃんが大ファンだからね。

太田　いまは「にゃんこスターのほうが好き」って言ってるらしいけどな。

田中　そんなわけねえだろ！　なんでアラベラちゃんが、日本のお笑いにそんなに詳しいんだよ！　他に話題になったのが、ドラフト会議で日本ハムが清宮幸太郎選手との交渉権を獲得したこと。

太田　巨人ファンのお前としては、残念だろ。

田中　本当、残念だったね。

太田　あんなに栄養費あげたのにな。

田中　あげてねえよ！　一場靖弘か！　注目されているのは、背番号が何番になるかだよね。斎藤佑樹選手の「1」を譲るんじゃないか、なんて噂もあるけどね。

太田　たしかに、佑ちゃん調子悪いからな。辛いだろうな。
田中　でも、記者からその話をふられた佑ちゃんは、『1』を譲ることは納得している」と言っていたらしいよ。
太田　で、それを清宮に言ったら、「あんなヤツの背番号、縁起悪いからいらねぇ」って言ったらしいな。
田中　言わねぇよ！　早実の先輩で尊敬してるんだから！
太田　「その代わり、あだ名がほしい。今日から俺がハンカチ王子だ」って言ってるらしいな。
田中　言ってねぇよ！　どういう感覚なんだよ！
太田　あと、最近は耳を疑いたくなるような悲惨な事件も多いね。
田中　ああ、たしかにな。
太田　田中が「イクメン オブ ザ イヤー」を受賞したりさ。
田中　何でそれが「耳を疑う悲惨な事件」なんだよ！
太田　最近はお前、早く帰るよね。
田中　まあね。やっぱり一緒にご飯食べたりして、少しでも長い時間一緒にいたいからね。

太田　子供たちは〝地獄の時間〟って呼んでるらしいけどな。
田中　そんなことねえよ！
太田　でも、こういう賞を取っちゃうと、今後の行動に気をつけないとならないね。変なことをすると、一気にイメージ下がるもんな。
田中　たしかに。イクメンを売りにしていた国会議員が不倫して、猛烈に叩かれたりしたね。
太田　お前はモテないから不倫はできないだろうけど、ウンコ漏らしたりする可能性はあるから気をつけろよ。
田中　うるせえよ！
太田　『週刊文春』に撮られちゃったりして。「爆笑問題・田中、路上でウンコ漏らし！」
田中　格好悪すぎるだろ！
太田　世間からバッシングされんだろうな！「赤ちゃんのオムツ替えてねえで、お前がオムツしろ！」なんて。
田中　辛すぎるだろ、そのバッシング！
太田　最近は『週刊文春』も動画で撮影してるから、「田中さん！　いま、ウンコ漏らしてますよね？」なんて記者から問い詰められて、「は？　何のことだかわかりません」なんてとぼけたあと、明らかに変な歩き方で去っていったりして。

田中　何だその動画！　大した事件でもねえだろ！

太田　「田中は、ウンコを漏らしたまま夜の街に消えていった……」。

田中　その状態でどこ行くんだよ、俺は！

太田　「イクメン オブザ イヤー」の授賞式では、「母乳を出したい」って言ってたな。

田中　まあね。

太田　流行語大賞を狙ってるのは見え見えだったけど、候補にも入らずに残念だったな。

田中　狙ってねえよ！　でも実際、そういう気持ちになるんだよ。

太田　牛乳は出せるんだろ？

田中　出せるわけねえだろ！　俺は牛か！

太田　家ではいろいろやるの？

田中　そうだね。育児を手伝ったり、ママが大変な時は洗いものをしたりね。

太田　そもそも、「手伝う」って感覚が間違ってるんだよ。育児は二人でするものだから、大変な時じゃなくても洗いものはして当然だ！

田中　お前はどの立場なんだよ！　あとちょっと前だけど、衆議院選挙は自民党が勝ったね。注目の希望の党は失速し、惨敗。敗因は、小池さんのある発言じゃないかって言われている。

太田　「名前はシャンシャンです」。

田中　違う！　それ、パンダの名前発表じゃねえか！　なんでそれで失速するんだよ！　「リベラル派は排除する」って言葉だよ！　健闘したのが、枝野さんの立憲民主党。でも早速、スキャンダル連発で話題になってるね。青山雅幸議員にセクハラ疑惑が出た。『週刊文春』が、当選してバンザイの直後に直撃していた。

太田　「バンザーイ！」ってやってたのが、急に「ハンザーイ！」になっちゃってたな。

田中　なってねえよ！　ふざけてんのか！　あと、同じく立憲民主党の初鹿明博議員にも猥褻疑惑が浮上。タクシーのなかで女性にキスを迫り、なんとズボンのチャックを開けて強引に顔を引き寄せたって言われてる。

太田　「俺の股間の枝野を見ろ！」って言ったらしいな。

田中　言ってねえよ！　いい加減にしろ！

2018.2

田中　それにしても連日、大相撲の話題で持ちきりだよね。横綱・日馬富士が、貴ノ岩への暴行問題の責任をとって引退したね。

太田　会見では「暴力の限界！」って言ってたな。

田中　言ってねえよ！　いろいろ新事実が出てくるね。横綱の白鵬が話をしてる時、貴ノ岩がスマホをいじってて、それを日馬富士が注意したら、貴ノ岩は「彼女からのメールです」と言ったらしいんだよね。これに日馬富士が怒った。

太田　しかも、裸の写真が添付されてたらしい。

田中　されてねえよ！　さすがに、先輩が話してる時に「彼女からのメールです」は怒るよな。

太田　いまどきメールかよ！　ＬＩＮＥにしろ！

田中　どこに怒ってんだよ！

太田　しかもその彼女ってのが、藤田紀子だったらしい。

田中　そんなわけねえだろ！　話を勝手に複雑にするな！　それでキレた日馬富士が

殴った。まず、平手で十数発っていうんだから凄いね。
太田 そのあと日野皓正を呼んで、さらに殴らせたらしいな。
田中 何でだよ！ そんなわけねえだろ！ それから、カラオケのリモコンでも殴ったみたいだね。
太田 さらにそのあとに、大島渚がマイクで殴ったって。
田中 それはだいぶ前の野坂昭如とのケンカだよ！ それにしても、カラオケのリモコンって結構大きいから、あんなので殴られたらたまんないよね。
太田 途中、偶然曲が入っちゃって、「けんかをやめて」が流れ出したんだってね。
田中 そんな偶然ねえよ！ さすがに、リモコンで殴っちゃダメだよね。
太田 そのあとがさらにヒドくて、頭をでっかいホチキスで留めちゃった。
田中 あれは治療のあとだよ！ それにしても、あの頭の写真は痛々しかったね。
太田 貴ノ岩は「俺はフランケンシュタインか！」って言ってたらしいね。
田中 暢気だな！ いろいろ情報が錯綜してて、発端は貴ノ岩が先輩力士らに向かって「もうあなたたちの時代は終わった」って言ったとか。
太田 それでカッときて、リモコンで殴った。その時、偶然入ったのが中島みゆきの「時代」。

田中　またか！

太田　で、ちょうど貴ノ岩が目が回ってる時に、「まわる　まわるよ　時代はまわる」って流れて。

田中　しつこいよ！　ところで、今年も流行語大賞が発表されたね。

太田　〝忖度映え〟な。

田中　一緒にすんな！　「忖度」と「インスタ映え」だよ！　なんだよ、〝忖度映え〟って！

太田　ナイトプールにいる籠池夫婦のインスタ写真だよ。

田中　そんな写真ねえよ！

太田　＃（ハッシュタグ）森友。

田中　バカか！　あと豊田議員の「ちーがーうーだーろー！」も候補になった。ずっと話題だったからね。本当は「このハゲー！」のほうが衝撃的だったけど。

太田　言われたひふみんもトップテンに入ってたな。

田中　ひふみんに言ったわけじゃないよ！　今年、話題になったテレビ番組といえば、テレビ東京の『池の水ぜんぶ抜く』だよね。面白いんだよ。池の水を全部抜くと、そこから外来生物が出てきて……。

太田 ナスDが出てきたり。
田中 何してたんだよ、そこで！　この番組はこれからも続きそうだね。
太田 そのうち、『海の水ぜんぶ抜く』とかやったりな。
田中 不可能だよ！　地球が終わるよ！
太田 エスカレートして、『小倉さんの髪の毛ぜんぶ抜く』とかやっちゃって……。
田中 やめろ！
太田 外来生物が出てきたりして。
田中 どういうことなんだよ！　あと、それこそナスDの番組も評判だね。昔から『世界ウルルン滞在記』（ＴＢＳ系）みたいに、芸能人が海外の部族のところに行って、その村の文化を体験するような番組は人気なんだよね。
太田 意外なもの食べさせられたりして、「あ、美味しいこの肉。何の肉ですか？」って訊くと、「Ａ５ランクの牛肉だよ」。
田中 美味いに決まってんだろ！　意外性もないよ！
太田 最後の別れのシーンが感動的で、大抵タレントが泣くんだよね。
田中 涙の別れね。
太田 「さようなら」って歩き出して、しばらくして振り返ると、まだ部族の人が手を振ってたり。
田中　そういうのあるね。
太田　で、またしばらく行って振り返る。
田中　そうすると、まだ手を振ってるんだよね。
太田　いや、民族衣装脱いで、ジャケットに着替えて、腕時計はめてて「さてと……」って……。
田中　それ、映しちゃダメだろ！　あと話題になったのは、熊本市の市議会で、女性議員が赤ちゃんを連れてきて開会が遅れるって騒動。あれには賛否両論あって、「子連れでもいいじゃないか」って意見と、「赤ちゃんが泣いたりして迷惑かけるのはよくない」って意見があった。きっと、これからもっとこういう問題は出てくるだろうね。
太田　芸能界でもいるもんな。子連れでスタジオに来て大騒ぎしたりする奴。
田中　そんな人いる？
太田　アニマル浜口。
田中　それは違うだろ！　親子で出演者なんだし、京子ちゃん、赤ん坊じゃない！
太田　「京子ー！　京子ー！　京子ー！」って大騒ぎして。

田中　騒いでんの、親のほうじゃねえか！　熊本市議会と言えば、そのちょっと前に暴言で話題になった北口和皇《かずこ》議員。あれがまた熊本弁で迫力あるんだよね。「そがんこつしたら、私の逆鱗に触れると思わんと！」って。

太田　あれ聞いて、豊田議員が「ひくわ〜」って言ってたらしいな。

田中　お前が言うな！

太田　熊本のゆるキャラ、くまモンも真っ青になって、見た目がドラえもんみたいになっちゃったらしいな。

田中　何だ、その話は！　びっくりしたのは、パワハラなどを追及されたら、突然、議会場から出て廊下でえずきだして。

太田　「オェ〜！」ってな。それを聞いて、議場を出された赤ちゃんが「あのおばさん、どうしたの？」って初めて喋ったらしい。

田中　何なんだよ、その話は！

太田　あれはもうちょっと時期が早かったら、「ちーがーうーだーろー！」に続いて流行語大賞の候補だったよな、「オエエエエ」。

田中　取らねえよ！

2018.3

田中　二〇一八年が始まったけど、まずは去年の大晦日の紅白から。いろいろ話題になったけど、ビックリしたのは、欅坂46の女の子が、歌い終わったあとで過呼吸になって倒れちゃったシーンだよね。あれは心配になった。大事には至らなくてよかったけど。

太田　ああいうのはちゃんとステージ裏に医者がいて、処置したりしてるからな。

田中　そうなんだ？

太田　そうだよ。脈取ったり、酸素濃度測ったりして、「大丈夫。グラッチェ」って確認をとる。

田中　ケーシー高峰じゃねえか！　余計、心配になるよ！　あと、今年の九月に引退するという安室ちゃんも綺麗だったね。白いセットに白いドレス。全部、真っ白だったもんね。

太田　あれ、上沼恵美子さんだったら、保護色で見えなくなってただろうな。

田中　顔が白いからって、そういうことにはならないよ！　失礼なこと言うな！　今年は戌年ということで、「もともと人気がある犬の人気が、さらに加速するだろう」って言われてるんだよね。

太田　それ聞いて、すでにシャンシャンが焦ってるって話だな。

田中　そんなことねえよ！　シャンシャンは相変わらず、凄い人気だよ！　上野動物園は行列ができてて、パンダが初めて日本に来た時のことを思い出すよね。でも、昔と違うのは、みんなスマホで写真を撮ってること。インスタに上げるんだろうなぁって。

太田　たしかに。〝シャンスタ映え〟するもんな。

田中　なんだよ、〝シャンスタ映え〟って。そんな言葉ねえよ！　お客さんの歓声も凄いよね。

太田　でも、大袈裟なんだよな。

田中　何が？

太田　シャンシャンがちょっと転んだだけで、「キャー！　可愛い！」って大騒ぎしてさ。

田中　いいだろ、可愛いんだから。

太田　そうかね？　ちょっと木に登っただけで「わぁ！　木に登った！」ってさ、騒

2018

ぎすぎだろ。

田中　いいじゃねえか。

太田　ちょっと立ち上がって、こっちに手振っただけで「キャー！」。

田中　それは本当に凄いだろ！

太田　何でもかんでも騒ぎすぎだぜ。安倍さんがゴルフ場のバンカーで転んだ時なんか、誰も「可愛い」って言わなかったのに。

田中　当たり前だよ！　たしかに安倍さん、トランプ大統領とやったゴルフで、バンカーで転んだけど！　トランプ大統領と言えば、ちょっと前にアメリカで行われた「存命する人で最も尊敬する男性は？」というアンケートで、二位に選ばれてたね。

太田　へえ。結構、人気あるんだな。

田中　そう思うんだけど、これが素直に喜べないんだ。

太田　なんで？

田中　普通、アメリカでこの手のアンケートをやると、現役の大統領が一位になるのが当たり前なんだって。

太田　それを聞いたトランプが、「二位じゃダメなんですか？」って叫んだらしいな。

田中　叫ばねえよ！　蓮舫か！　でも、イライラしているのはたしからしいね。何と言っても、一位の人の名前が問題なんだよ。
太田　まさか！　……金正恩？
田中　そんなわけねえだろ！　オバマ前大統領だよ！　十年連続一位。
太田　たしかに、オバマのほうが人格者って感じはするな。
田中　トランプ大統領は、ツイッターで口汚く罵って金正恩を挑発したりしているし。金正恩もそれを受けて、「お前の所を火の海にしてやる！」なんて言ったりしてるもんね。
太田　で、そのあと、実際にトランプ大統領のツイッター、炎上したんだよな。
田中　「火の海」ってその程度のことか！　大したことじゃねえだろ！　ところで、正月の風物詩と言えば箱根駅伝だね。今年も青山学院大学が優勝して、四連覇を果たしたね。
太田　〝陸王〟履いててよかったな。
田中　履いてねえよ！　原晋《すすむ》監督は出たメンバーの四年生全員に、早い卒業旅行をプレゼントするらしいよ。
太田　強制的にホノルルマラソンに参加させられたりして。
田中　休ませてやれよ！　今回、話題になったのが、突如現れてランナーたちと併走したアンパンマンのカラーリングをした車、通称〝アンパンマン号〟。これにはツイッターでも、「気になってレースに集中出来ない」っていう声が多く上がったらしいね。

太田　ツイッターやってる時点で、集中してねえだろ！

田中　そういうこと言うな！　箱根駅伝ではよく、〝山の神〟と呼ばれる選手が出てくるよね。山登りの五区で好成績を修めた人がそう呼ばれるんだよね。

太田　じゃ、途中でトイレに行った選手は〝トイレの神様〟って呼ばれるのかな？

田中　呼ばれねえよ！　いい加減にしろ！

2018.4

田中　とうとうオリンピックが始まったね。でも、平昌《ピョンチャン》は氷点下二〇℃っていうから、選手たちも寒くて大変だろうね。

太田　寒いなんてもんじゃねえよ。氷点下二〇℃っていったら、よくテレビでやってる「バナナで釘が打てる」って世界だぜ。濡れタオルを外で回しただけでカチカチに凍って、棒みたいになっちゃうんだから。あんななかでスキージャンプなんかやったら、ジャンプした体勢のまま凍っちゃって、着地で粉々になっちゃうよ。

田中　そんなわけねえだろ！

太田　で、慌ててみんなで選手の破片かき集めて、積み上げて、上からお湯かけて戻したりして……。

田中　マンガか！　ジャンプといえば、何といっても注目は葛西紀明選手だよね。いままで、八大会連続オリンピック出場だからね。

太田　他に、やることなかったのかね？

田中　バカかお前は！　それが一番やりたいことだろ！　凄いことだよ、何ていったって四十五歳だからね。

太田　〝アジェンダ〟って呼ばれてるな。

田中　〝レジェンド〟だよ！　渡辺喜美じゃねえんだから！　あとジャンプで注目は、やっぱり高梨沙羅ちゃんだよね。

太田　すっかり綺麗になったよな。化粧もうまくなって。ソチの時は幼かったけど、いまでは顔は完全にK点超えたたな。

田中　意味わからないよ！　美人といえば、北朝鮮から応援でやってきた美女軍団が話題だね。

太田　みんな綺麗だよな。

田中　大勢のなかから選ばれた選抜メンバーだからね。

太田　〝金正恩48〟って呼ばれてるんだよな。

田中　呼ばれてねえよ！　ＡＫＢ48みたいに言うな！

太田　「恋するテポドンクッキー」を歌ってて。

田中　そんなことはねえよ！　同じスポーツの話題だけど、残念なのは大相撲だよね。去年からずっと不祥事続きで、連日、ワイドショーを賑わせてるよね。なかでも驚いたのが、立行司の式守伊之助《しきもりいのすけ》のセクハラ事件。式守伊之助が酔って、ホテルの廊下で若い行司に無理矢理キスしたりしたっていうんだから。

太田　相手の手を自分の股間に持っていって、「ほら、立行司」って言ったらしい。

田中　くだらねえな！

太田　嫌がる相手に「まったなし！」って叫んだって。

田中　やめろ！　被害者も若手だし、相手は神様みたいな存在だろうから、「来い」って言われたら、むげには断れないからね。

太田　呼び出しに呼び出されたって話だな。

田中　何でだよ！

太田　「おまーえー！　ちょっとー来ーい。ちょっとー来ーいー」。

田中　呼び出し口調で言うな！　くだらねえんだよ！　それ以外にも相撲は不祥事が続いてて、横綱・日馬富士の事件を皮切りに、春日野部屋の暴力事件、大砂嵐の無免許事故……。

太田　この前なんて、白鵬が一般の人に豆投げつけてたぜ。

田中　それは節分だよ！

太田　相手は豆ぶつけられて、鳩が豆鉄砲を食ったような顔してたな。

田中　くだらなすぎるよ！　あと、貴乃花親方の動向も注目されてるよね。以前はマスコミに対してずっと沈黙してて表情もムッとしてたけど、最近は「妙にニコニコしてるのが不自然だ」なんて言われてる。

太田　「今度は薬物か？」ってな。

田中　絶対違うよ！　弟子が入幕したのが嬉しくて、機嫌がいいんだよ！　でも、先日行われた理事候補選挙では、立候補したもののわずか二票しか入らず、落選したんだよね。

太田　〝角界のマック赤坂〟って呼ばれてるよな。

田中　呼ばれてねえよ！

太田　スマイル党……あ！　だからニコニコしてんのか！

田中　まったく違うよ！　勝手に妄想して勝手に納得するな！　芸能界で大きな話題になったのは、なんてったってキョンキョン（小泉今日子）だよね。俳優の豊原功補《こうすけ》さんと不倫関係であることを公表したのには、驚いたね。

太田　言われる前に言っちゃうってのは、キョンキョンらしいよな。

田中　相手の豊原さんが記者会見をして、「どんな石でも投げつけたい人は僕に向けて投げてください」って言ってたね。

太田　あ！　それでおまえこの前、河原で何か探してたのか！

田中　探してねえよ！　何で本当に石探してるんだよ！　とにかく、ワイドショーはこの話題で大騒ぎだった。

太田　俺もこの前、キョンキョンの話題を見ようと思ってテレビつけたらシャンシャンの話題やってて、思わず「お前じゃねえんだよ！」って叫んじゃったよ。

田中　しょうがねえだろ！　シャンシャンはシャンシャンで話題なんだから！

太田　なかには、シャンシャンが不倫してんのかと思っちゃう奴もいるぜ。

田中　いねえよ！　その前に話題だったのが、小室哲哉さんの不倫だよね。記者会見をやって、何とそこで引退を表明したから、びっくりしたね。

太田　『週刊文春』も、あそこまで追い詰めちゃかわいそうだよな。
田中　たしかに。記者会見では憔悴していて、いたたまれなかった。
太田　ああ、ニンニク注射って効かないんだなって思ったけどな。
田中　そういうことじゃねえだろ！　なに考えてんだよ！
太田　ああいう時こそニンニク注射打ってやれよ！　いまでしょ！
田中　うるせえ！　いい加減にしろ！

2018.5

田中　何と言ってもビックリしたのが、急転直下で北朝鮮の金正恩労働党委員長とアメリカのトランプ大統領の会談が決まったことだよね。
太田　金正恩って、見るたびに髪型が鉄腕アトムみたいになっていくな。
田中　関係ねえだろ、それは！　金正恩は「核を廃棄してもいい」と言ってるみたいだけど、それが実現したら凄いことだよね。
太田　そうだな。北朝鮮は会談成功したら、祝砲をあげるんだろうな。
田中　だから、あげちゃダメだろ！　会談の場所がどうなるかも、いろいろ予想されているね。トランプ大統領が北朝鮮に行くのか、金正恩がアメリカに行くのか。ただ、金正恩は飛行機嫌いだっていうから、いろいろ難しいね。

太田 テポドンに乗ってくるかもしれないな。

田中 そんなわけねえだろ！　それにしても、いままでトランプ大統領は金正恩のことを「病気の子犬」、金正恩はトランプ大統領のことを「老いぼれの狂犬」って罵り合っていたのに、急に変わっちゃったね。

太田 これからは、「ドッグショーで優勝した子犬」「人命救助で表彰された名犬」って呼び合ったりして。

田中 どっちにしろ犬なのかよ！　他に話題になったのは、女子レスリングでオリンピック四連覇の伊調馨選手が、栄和人監督に「パワーハラスメントを受けていた」って告発文が出て、連日大騒ぎ。レスリング界が揉めてるね。

太田 いわゆる〝テラハ〟ってやつだな。

田中 〝パワハラ〟だよ！　何で『テラスハウス』(フジテレビ系)で、伊調選手と栄監督が揉めるんだよ！

太田 『テラスハウス』は常に誰かしら揉めてるからな。ある日突然、栄監督が食事が終わったあと、「実は、明日卒業します！」って宣言したりするんだろうな。

田中　なんか気持ち悪いだろ！　そんなんじゃねえよ、パワハラだよ！
太田　あの伊調選手にパワハラできるのなんか、ゴリラぐらいしかいないよな。
田中　そういうこと言うな！　相手は日本レスリング協会選手強化本部長でもあるんだよ！
太田　やっぱりゴリラじゃねえか。
田中　違う！
太田　最初見た時、バイきんぐの小峠かと思ったぜ。
田中　うるせえよ！
太田　そう言えば、オリンピックでいつも勝った時に投げ飛ばされていたもんな。相当恨まれてたんだろうな。
田中　違うよ！　あれはそういうしきたりみたいなもんだよ！　でも当の伊調選手は、告発状に自分は一切かかわってないって言ってるんだよね。
太田　「栄なんて人、聞いたこともない」って……。
田中　そこまで言ったら何かあるよ！　伊調選手は今回、出演予定だったラジオ番組を辞退したみたいだね。
太田　「伊調馨のオールナイトニッポン！」。

田中　違うだろ！

太田　「こないだ栄がよぉ、栄バカヤロ、コノヤロー！　三国一だな！」って。

田中　完全にたけしさんじゃねえか！

太田　でも今回ばっかりは、あのうるさいアニマル浜口が無言なんだから、相当深刻なんだろうな。

田中　関係ねえだろ！

太田　「京子ー！　京子ー！」って、あれこそ娘に対するパワハラだぜ。

田中　あれは応援だよ！　良い親子じゃないか。

太田　あのアニマルさんが何も言わないんだもん。周りからは〝アニマル無口〟って呼ばれ出してるらしいぜ。

田中　くだらねえ！　パワハラの内容は、田南部力《たなべちから》コーチに対し、伊調選手の指導をやめるように圧力をかけたり、練習場所である警視庁への出入りを禁止したりしたって話だね。

太田　伊調選手は、警視庁に入るために万引きまでしたらしいな。

田中　そんなわけねえだろ！　それにしても、東京五輪まであと二年だからね。あまり問題を長引かせないでほしいね。

太田　出るとしたら、伊調選手は五連覇がかかってるからな。他の選手と同じ条件でやらせてあげてほしいよ。

田中　そうだね。

太田　他の選手もみんなパワハラ受けるとか。

田中　それじゃ意味ねえだろ！　オリンピックと言えば、今回の平昌冬季五輪は、過去最多の十三個というメダル獲得で盛り上がったね。

太田　俺は、参加したみんなに金メダルあげたいな。

田中　なに突然、良い人になってんだよ！　凄かったのが、金メダルをとった羽生結弦選手だよね。直前まで、怪我で休んでたんだから。

太田　トーニャ・ハーディングに襲撃されてな。

田中　違うよ！　いつの話だよ！　でも出てきたら元気で、何の問題もなかったね。

太田　頭のホチキスもすっかり取れてたな。

田中　それは貴ノ岩関だよ！　あと宇野昌磨選手も銀で、ワンツーフィニッシュ。羽生選手が、宇野選手の頭を撫でてたのが印象的だったね。

太田　宇野と言えば、おでこに硬球ぶつけたな。

田中　それは中日の宇野勝選手だよ！　大昔の珍プレーだろ！　あと盛り上がったの

が、カーリング女子だね。

太田　俺はカーリングはあまり観てなかったんだけど、そんなに盛り上がったの？

田中　え？　初の銅メダルだぞ！　それも知らないの？

太田　そだねー。

田中　絶対観てたろ！　まさにその「そだねー」が流行ったね。でもこれだけ流行っちゃうと、今後は意識して使いづらいかもしれないね。

太田　そだねー。

田中　それだよ！　あと、モグモグタイムも話題になったね。試合の途中で、食事をしながら作戦会議する時間。

太田　みんな氷に穴開けて、ワカサギ釣ってたな。

田中　そんなことしねえよ！　あと、女子スピードスケートは凄かったね。小平奈緒選手と高木姉妹。小平選手は金と銀。姉の高木菜那選手は金メダル二つ。妹の高木美帆選手は三つの色のメダル。

太田　金・銀・パール。

田中　洗剤のプレゼントか！　違うよ、金・銀・銅だよ！　あと話題になったのが、応援の北朝鮮の美女軍団。

太田　途中で、みんな梅宮辰夫のお面を被った時は、ビックリしたな。
田中　ロバート秋山か！　謎の若い男性のお面だよ！　北朝鮮といえば、スピードスケートで北朝鮮の選手が日本の選手の妨害をしたってニュースになった。
太田　あれはひどかったな。スタートした途端、日本人選手めがけてテポドン撃ってきて……。
田中　いくらなんでもそんなことするか！　転んで靴を踏んだんだよ。で、もう一度やり直しになったんだけど、また転んで今度は日本人選手にスライディングしてきた。
太田　故意ではないと思うけどな。
田中　まぁ、そういう見方もあるね。
太田　ちょっと気になったのが、あの選手のTシャツに「LOL」って書いてあった。
田中　それは金正男を殺害した犯人が着ていたTシャツだろ！　恐ろしいこと言うな！
田中　しかし安倍政権、大変だね。

2018.6

太田　次から次へと問題が出てきたな。籠池、加計孝太郎理事長、昭恵夫人で「三本の矢」って言われてるからな。

田中　言われてねえよ！　でも籠池さんは、いまごろ国会をどんな気持ちで見てるんだろうね。

太田　ここまでくると、もう圧力とか忖度の問題じゃないね。

田中　そういう問題だよ！

太田　国会は連日紛糾している。野党議員が追及して、「総理、昭恵夫人がかかわっていたとしか思えないじゃないですか！」「そだねー！」って。

田中　何だよ、突然！　騒動のキーパーソンである佐川宣寿《のぶひさ》前国税庁長官の証人喚問が行われたね。佐川さんがどう答えるのか、その言葉に日本中が注目したけど、大事な場面になると必ず「刑事訴追の恐れがありますので」って言う。

太田　「プロポーズの言葉は？」「……刑事訴追の恐れがありますので」。

田中　そんな質問してねえよ！

太田　「普段の性癖は？」「刑事訴追の恐れがありますので」。

田中　言わねえよ！　どういう性癖なんだよ！　そんななか、麻生太郎さんがまた失言したね。参院財政金融委員会で、「森友のほうがＴＰＰより重大と考えているのが日本の新聞のレベル」と各新聞の森友学園の報道姿勢を批判して、問題になった。

太田　この発言には、さすがに『東スポ』も怒ってたな。

田中　お前が言うな！　連日問題になってるのは、相撲協会もそうだね。京都府の舞鶴市長が挨拶の途中で倒れた時、土俵に上がって救命処置をしていた看護師さんに向かい、「女性は土俵から降りてください」ってアナウンスが入って、それをきっかけに「女人禁制ってどうなの？」っていう問題に発展したね。

太田　もう女も上がっていいことにすればいいんだよ。男女平等。俺も女湯に入るし、女性専用車両に乗る。何が悪い！

田中　ダメだろ！　それはまたこの前、問題になった面倒な奴らだろ！　でも、男女の話は難しいね。相撲協会と一緒にしちゃいけないけど、最近は何でもセクハラって言われちゃう場合が多い。セクハラの基準が厳しいんだよね。上司が部下に「今日、綺麗だね」って言ってもセクハラって言われちゃうし、「髪型変えた？」なんて言うのもセクハラらしいからね。

太田　「冗談じゃないわよ！　顔変えてんのよ！」なんてね。

田中　整形かよ！

太田　「イエス！　高須よ！」。

田中　うるせえよ！

太田　この前なんか「おはよう」って言っただけで、セクハラって言われた人がいたらしいよ。

田中　何にも喋れないじゃねえか。挨拶ぐらいいいだろ。

太田　「おはようじゃないですよ、部長！　ここ、女子トイレですよ！」って。

田中　それは部長が悪いよ！　でも、どこからセクハラかの線引きは、難しいよね。

太田　いっそのこと法律で決めてほしいな。膝から下は触っていいけど、上はダメとか。

田中　足触ってる時点でダメだろ！

太田　足の裏なら舐めていいとか。

田中　完全に変態じゃねえか！　ハリウッドでも以前、大物プロデューサーによるセクハラが問題になって、被害を受けた女優たちが抗議の意味を込めて、みんな黒い衣装を着て授賞式に出てきたりしてたね。

太田　そうだな。いまから考えると、死んだ俺の親父も相当セクハラしてたみたい。

田中　そうなの？

太田　葬式でみんな黒い服着てた。

田中　それは喪服だろ！　あと、レスリング協会も大変だね。伊調馨選手のパワハラ問題。

太田　パワハラも線引きが難しいよな。このままいったら、漫才のツッコミだってパワハラって言われちゃうようになる。「バカ」とか「そんなわけねえだろ！」とか、あれだってパワハラだよ。

田中　何でだよ！

太田　言葉がキツイもん。「やめろよ！」とか「ちーがーうーだーろー！」とか。

田中　それは別の人だよ！

太田　たとえば俺が、「栄強化本部長が体調不良。原因は、二つの意味で〝イチョウ〟の悪化だそうです」ってボケたとすると。

田中　待て！　何だ、そのうまいこと言えたボケは！

太田　ほら、その強い口調がもうパワハラなんだよ。

田中　じゃあ、どうすればいいんだよ！

太田　まず、ボケの功績をたたえてから言ってほしい。

田中　たたえるってなんだよ！　どうやるんだよ！

太田　「選手の〝伊調〟と臓器の〝胃腸〟をかけたのはうまい。でも、いまはそういうことを言う時じゃないから、言っちゃダメだよ」。

田中　面倒くさいよ！　それから、我々の身近で驚いたのは、オフィス北野からビートたけしさんが独立したことで、たけし軍団と森昌行社長の抗争が明らかになったよな。

太田　怒号も飛び交って、なかにはリアル『菊次郎の夏』なんて言う人もいるな。

田中　リアル『アウトレイジ』だよ！　ほのぼのした映画に譬えるな！

太田　それにしても、噂では森社長の軍団に対する態度がひどかったらしいな。仕事取ってこなかったり、熱湯風呂に入れたり。

田中　熱湯風呂は、軍団にとっては美味しいだろ！　オフィス北野は、社員が全員辞めて一から出直すらしいね。

太田　そう言えば、田中の片玉が独立した時も、タイタンの社員全員辞めたもんな。

田中　辞めてねえよ！　いい加減にしろ！

太田　あ、その言い方、パワハラ！

田中　うるせえ！

2018.7

田中　最近はニュースが多くて大変だね。それもたいてい不倫か、暴言か、覚醒剤……。

太田　セクハラ、パワハラ、キヨハラ。

田中　清原の〝ハラ〟はハラスメントじゃねえだろ！　たしかに薬で捕まったけど！　一番の話題は何と言っても、TOKIOの山口達也メンバーが、酒に酔って女子高生を呼び出して無理矢理キスを迫り、逃げられて警察に通報されたことだよね。

太田　あれには驚いたよな。

田中　たしかに。

太田　まさか、ジャニーズが女の子からキスを嫌がられるとは。

田中　そこじゃねえだろ！　相手は未成年だし、嫌だったんだよ。酔ってて無理矢理キスしちゃったんだ。

太田　「うわさのキッス」って呼ばれてるな。

田中　呼ばれてねえよ！　話によると、山口君はお酒の飲みすぎで肝臓がかなり悪く

2018

て、入院してたらしいね。

太田　医者も肝臓の数値見て、ビックリしてたみたいだな。

田中　そうなんだ。いくつぐらいだったの？

太田　六個ぐらいあったって。

田中　そんなわけねえだろ！　肝臓の数値って肝臓の数じゃねえから！　報道で『山口メンバー』って呼んでるのはどうなのか？」という意見が多く出てたね。

太田　たしかに。城島茂君だけ、「城島リーダー」ってのも変だしな。

田中　それは変じゃないよ！　リーダーなんだから！　結局、山口君はジャニーズ事務所を解雇されることになってしまったね。

太田　こうなったいま、俺は敢えて〝山口リメンバー〟と呼びたいな。

田中　うるせえよ！　うまくもねえし！　他の四人は記者会見してたけど、ちょっと痛々しかったよね。みんな黒い服着て……。

太田　「Me too」運動だったんだろうな。

田中　違うよ！　セクハラで話題になったのが、財務省の福田淳一事務次官だね。テレビ朝日の女性記者との会話の音声データが公開されてね。

太田　安倍政権にとっては、「森友学園」「加計学園」に続いて〝ハレンチ学園〟という、三つ目の学園だな。

田中　学園じゃねぇよ！　しかし、会話のなかで唐突にセクハラしてくるのは凄いね。

太田　もっともらしく森友問題の話をしてるんだよな。「何で八億円値引きしたかってことだよ」なんて。そうすると、女性のほうが字幕で「昭恵さんの名前があったからじゃないですか？」って出る。そしたら「その辺がデリケートなわけだ。おっぱい触っていい？」って。

田中　そうそう、突然言うんだよね！

太田　で、また普通の話をしてたら急に、「縛っていい？」とか「キスしていい？」とか訊く。あの会話聞いてると、いい人なんじゃないかって気がするんだよな。

田中　そんなわけねえだろ！

太田　だって、いちいち許可を得ようとしてるんだぜ。セクハラって、訊かずに触っちゃうヤツじゃないの？

田中　そうじゃねえよ！　質問すること自体がセクハラなんだよ！

太田　でも、「ダメです」って言われて諦めてるんだぜ？

田中　当たり前だよ！

太田　終いには「縛られていい？」って、自分の行動まで相手にお伺い立ててるんだぜ。そんなの勝手に縛られろよ！

田中　それも含めて全部ダメなんだよ！　お前はセクハラの根本がわかってねえよ！でもこの件に関して、本人は疑惑を否定してたね。

太田　取材陣に囲まれて、「私はそんなやりとりはしてないし、そんな店で女性記者と会食した覚えもないです！　おっぱい揉んでいいですか？」って。

田中　言ってんじゃねえか！

太田　もう口癖なんだろうな。

田中　何だそれ！　どうもあの録音された場所は、次官の自宅近くのお店だったらしいね。

太田　オッパイパブだってな。

田中　そんなわけねえだろ！　だったら問題ないよ！　それからビックリしたのが、突然実現した韓国と北朝鮮の南北首脳会談だよね。印象的だったのが、金正恩委員長と文在寅《ムンジェイン》大統領が二人で手を繋いで軍事境界線を越えたこと。

太田　あれ、猿岩石もよくやってたけどな。

田中　それとは意味合いが違うだろ！　たしかに、ユーラシア大陸横断ヒッチハイクで、国境を越える時にやってたけど！　ハプニングもあってね。最初、金委員長が韓国側に入ると、文大統領が「私はいつ越えられますか?」って訊いたんだよ。
太田 すかさず金委員長が、「いまでしょ!」ってな。
田中 言わねえよ! 何で林修先生なんだよ! で、二人が手を繋いで、もう一度、北朝鮮側に戻った。歴史的瞬間だったよね。北朝鮮の最高指導者が韓国に入るのは初めてだったからね。
太田 これで、二人は〝一線を越えた関係〟ってことだな。
田中 変な言い方するな! その後、韓国側の「平和の家」に車で移動したんだけど、車を取り囲んで走る人が凄かったよね。
太田 「乗せてやれよ!」って思ったけどな。
田中 乗せねえよ! ボディガードだろ! それから、「平和の家」で金委員長が用意した冷麺を二人で食べた。
太田 文大統領も感激して、「この美味しさはテポドン級ですな!」って言ってた。
田中 言わねえよ! いい加減にしろ!

2018.8

田中　米朝首脳会談がシンガポールで開かれたね。まさに歴史的会談だよね。結果については賛否あるけど、トランプ大統領は「まずは知り合いになりましょう」というような状態だと言ってた。

太田　自己紹介から始めたのかな？

田中　そんなわけねえだろ！　知らないってわけじゃないんだから！

太田　モジモジしながら、「私の名前は金正恩です……趣味は実験です」なんて。

田中　それをやめろって言ってんだよ！

太田　トランプのほうも、「私はドナルド・トランプです。ニューヨークにビル持ってます」。

田中　何の自慢だよ！

太田　金正恩もそれを聞いて、「わぁ！　凄い！」。

田中　バカなカップルか！

太田　トランプは頭を掻きながら、「〝アメリカのドンファン〟って言われてます」って。

田中　それは別の事件だよ！　しかし、不可解な事件だよね。〝紀州のドンファン〟と呼ばれた和歌山の資産家の野崎幸助さんが亡くなって、遺体から致死量の覚醒剤が見つかった。この野崎さん、なんとこれまでに四千人の美女と関係を持ったっていうんだから凄いね。

太田　よく数えてたよな。

田中　まあね。

太田　俺なんか一千人超えてからは、面倒で数えなくなったもんな。

田中　嘘つけ！　何の見栄なんだよ！

太田　あの人に比べたら、俺なんか小物だよ。〝紀州の梅〟ぐらいだな。

田中　単なる名物じゃねえかよ！

太田　あるいは〝浪速のモーツァルト〟。

田中　それはキダ・タローさんだよ！

太田　〝上野のシャンシャン〟。

田中　パンダだろ！　しつこいよ！　野崎さんは、いままで付き合った四千人の女性に三十億円貢いだっていうんだから、凄いよね。生前は「私にとって、一億なんか紙切れみたいなもの」って言ってたんだって。

太田 さすがだね。紙切れ一枚でもそれぐらいの価値があるんだ、と。

田中 違うよ！　何でいいほうに取るんだよ！　しかしこの事件、不可解な点が多いよね。野崎さんが亡くなる半月前に、溺愛していた愛犬が謎の死を遂げて、かなり落ち込んでたんだよね。

太田 「マサル」って名前の秋田犬ね。

田中 それは女子フィギュアスケートのザギトワ選手だろ！

太田 やっぱりプーチン、怖いな！

田中 うるせえ！　そういうことじゃねえんだよ！　それから話題と言えば、何と言っても、日大アメフト部の悪質タックル問題だね。

太田 どうでもいいけど、雑誌とかでいちいち「芸能界の日大ＯＢ」って、俺たちの写真載せるのやめてもらえないかな。

田中 まぁ、たしかに。いい気分はしないよね。

太田 しかも、こっちは中退だぜ！　都合のいい時だけＯＢ扱いしやがって！

田中 しょうがねえだろ！

太田 最近じゃ俺たち、〝悪質コンビ〟とまで言われてんだぜ。

田中　さすがにそれは言われてねえよ！

太田　お前なんか陰では、〝田中理事長〟って呼ばれてるんだぞ。

田中　俺は理事長じゃない！

太田　阿佐ヶ谷あたりブラブラしやがって。

田中　たしかに理事長も田中で、奥さんが阿佐ヶ谷で「ちゃんこ料理たなか」っていうのやってるけど！　それにしても、あのプレーはひどかったね。関西学院大学との試合中に、完全にボールを投げ終わったあとの相手のクオーターバックに、後ろからタックルして怪我させちゃった。それがはたして誰の指示だったか……。選手と監督、コーチでそれぞれ言い分が違っちゃって、結局、関東学生アメリカンフットボール連盟は、内田正人前監督と井上奨前コーチを除名処分とした。これは最も重い処分なんだそうだね。

太田　「この世からいなくなれ」ってことだからね。

田中　そこまでじゃねえよ！　会見でひどかったのが、内田前監督。相手の学校名を、ずっと「かんさいがくいんだいがく」って言い間違えて話題になった。

太田　正確には「かんせいがくいんでぇがく」だからな。

田中　アイデンティティか！

太田　オス！　おめえ、ぶっ殺すぞ！

田中　言ってねえよ、そんなこと！　いろいろわかってきたのは、チームは内田さんの独裁体制だったってことだね。内田監督が黒と言えば、白い物も黒と言わなきゃならないような状態だったらしいね。

太田　大食いのテレビ番組観てても、日大生だけ「あ！　ジャイアント黒田だ！」って言ってたらしい。

田中　そんなわけねえだろ！　何でジャイアント白田を黒田って言う必要あるんだよ！

太田　「映画はやっぱり世界の白澤だなぁ」なんて。

田中　それは黒澤でいいんだよ！

太田　「お手紙食べちゃったのって、白ヤギさんだろ？」「違うよ！　黒ヤギさんだよ！」「いや、白ヤギさんだ！」「それはどっちも食べたんだよ！」。

田中　なんだ、その不毛なやりとりは！　そんななか、タックルをした本人の宮川泰介選手が、異例の実名顔出し謝罪会見をして話題になったね。

太田　声だけ変えてたな。

田中　意味ねえだろ！　いい加減にしろ！

2018.9

田中　七月六日、とうとうオウム真理教の元教祖、松本智津夫死刑囚ら七人に死刑執行（続いて同月二十六日には六人に執行）。

太田　〝神7〟って呼ばれてたらしいな。

田中　呼ばれてねぇよ！　不謹慎だろ！　それにしても突然だったよね。

太田　たしかに。まさか、このタイミングでポアされるとはな。

田中　「ポア」って言うな！　それにしてもこれから心配なのが、死刑が執行されたことによって松本智津夫が神格化され、東京拘置所が信者たちにとっての聖地になるんじゃないかってことだね。

太田　信者が拘置所の前でスマホで写真撮って、「聖地巡礼なう！」ってな。

田中　それは、アニメの聖地巡礼だよ！　あと話題になったのは、サッカーW杯だよね。

太田　俺もずっと寝不足だったもんな。

田中　そうなんだ？

2018

太田　俺、不眠症で……。

田中　試合観てじゃねえのかよ！　ロシアでの試合の時間帯がちょうど日本では深夜が多かったから、みんな寝不足になったんだよ！

太田　学校なんかでも大変だったろうな。みんな居眠りしちゃって……。

田中　そうかもしれないね。

太田　授業中に「先生！　寝てないで授業してください！」なんて。

田中　先生かよ！　ダメだろ！　それにしても、日本代表はよくやったよね。始まる前は、みんな予選リーグ通過できないって言ってたからね。

太田　西野朗監督もそう言ってたな。

田中　言ってねえよ！　監督が言っちゃダメだろ！　何といっても、初戦のコロンビア戦でヘディングシュートを決めた大迫勇也選手をたたえる言葉が、ＳＮＳで大流行になった。

太田　「大迫です！」。

田中　それは宮迫だよ！　「大迫半端ないって」だろ！　そのコロンビア戦は、なんと平均視聴率四十八％超えだったらしいね。

太田　早速、レギュラー化決定だってな。

田中　そんなわけねえだろ！　毎週できるか！　四年に一度だよ！　敗退したとはいえ、最後のベルギー戦では二点先制したからね。そのあと追いつかれて、最後の最後に一点入れられた時は悲しかったよね。

太田　俺は〝阿佐ヶ谷の悲劇〟って呼んでるけどな。

田中　お前が阿佐ヶ谷で観てたってだけだろ！　ロシアでやってたんだよ！　現地まで行って応援してたサポーターもいたよね。

太田　秋田犬の「マサル」とかな。

田中　それは、ザギトワ選手がもらった犬だよ！　それにしても、やっぱりベルギーは強かったね。

太田　さすが、〝赤いきつね〟って呼ばれてるだけのことはあるな。

田中　〝赤い悪魔〟だよ！　何でうどんがサッカーしてんだよ！　試合の時は、やっぱり渋谷のスクランブル交差点は凄い騒ぎだったね。

太田　今回も〝ＪＫポリス〟出たもんな。

田中　ＤＪポリスだよ！　なんで女子高生が警察やってんだよ！　それから、演芸界として大きな出来事は、桂歌丸師匠が亡くなったことだよね。

太田　結局、「女房がへそくり隠すとこ」は見ることができたのかな？

田中　本気で見たかったわけじゃねえよ！　しかもそれ、コージー冨田のモノマネでしか聞いたことねえよ！　『笑点』（日本テレビ系）でも、大喜利メンバーみんなで偲んでたよね。

太田　この日は、タイトルが『笑点』じゃなくて『悲点』になってたよな。

田中　なってねえ！　笑点メンバーのコメントも、ちゃんと芸人らしく笑いを交えながらのもので、感動したね。

太田　さすがだよな。オレンジとかピンクのコメントもよかったけど、一番泣かしたのは紫のコメントが……。

田中　おい、色で言うな！　失礼すぎるだろ！　それにしても、歌丸師匠は亡くなる直前まで、鼻にチューブをつけながら高座に上がって、まさに全身落語家だったよね。

太田　歌丸師匠の人生そのものに、座布団あげたいぐらいだよな。

田中　たしかにね。

太田　俺は、昔『ボキャブラ天国』（フジテレビ系）でもらった座布団しかないから、それでよかったら。

田中　ダメに決まってんだろ！　向こうが本家なんだから！　それから驚いたニュースとしては、何と文部科学省前局長の佐野太容疑者が、東京医科大に便宜を図る見返りとして、自分の息子を医科大に裏口入学させてもらってたっていう話ね……。文科省の局長だよ？　ひどすぎるだろ！

太田　そっちもそうだけど、東京医科大もひどいな。やってることは、日大の悪質タックルとまったく同じだからな！

田中　全然違うよ！　どっちもひどい事件ではあるけど。なんでも、今年二月に実施された同大学医学部の入学試験で、子供の点数を加算させて合格にしたらしいね。

太田　「二十五点」だったのを「六百四十五点」にしたんだって。

田中　加算しすぎだろ！　息子、そうとうバカだな！　それにしても、東京医科大がそんなことやっちゃいけないよね。

太田　俺もOBとして恥ずかしいよ。

田中　お前は日大OBなんだよ！　この件の責任を取って、東京医科大の理事長は辞任したね。

太田　ケーシー高峰氏だよな。

田中　違う！　そっちも日大OBだ！　いい加減にしろ！

あとがき

我々は二カ月に一度、東京・銀座で「タイタンライブ」というお笑いライブを開催している。二〇〇九年から全国のＴＯＨＯシネマズ映画館で同時生中継を始めたので、地方在住でもご覧になったことがある方は多いと思う。

よくライブの漫才と『爆笑問題の日本原論』の関係について聞かれるが、私自身としては先に『日本原論』の原稿を書くとライブのネタ作りが楽になるし、逆にライブの後に締め切りがくると『日本原論』が楽になるというだけの違いでしかない。文字で見て面白いように多少は変えるけれども、それは微調整の範囲であって基本的にやっていることは変わらないと思ってもらってかまわない。

もし、『日本原論』シリーズの愛読者で、まだ爆笑問題のライブを観たことがくないという方は、会場もしくはＴＯＨＯシネマズに一度足を運んでいただきたく思う次第だ。

掲載誌は変われど、『日本原論』シリーズは、漫才と同じく爆笑問題にとってライフワークだと思っている。

前作『自由にものが言える時代、言えない時代』（太田出版）で対談した映画評論家の町山智浩さんからも「なぜ、保守論壇誌『ＷｉＬＬ』で連載しているんですか？」と不思議がられたが、確かに『宝島30』→『日本版ＷＩＲＥＤ』（インフォバーン）→『サイゾー』（サイゾー）→『ＷｉＬＬ』（ワック）→『Ｈａｎａｄａ』（飛鳥新社）という変遷を追うと、左から右へ大移動していることがわかる。

一九九四年、『宝島30』で連載を開始した当時のタイトルは「今月の爆笑問題」。煽り文句は「テレビじゃ放送できない！」だった。連載開始早々、北朝鮮がＩＡＥＡ（国際原子力機関）から脱退というニュースを受けて「金日成の首の後ろのコブがどんどん大きくなって、しまいに顔と入れ替わったりして」「お前はバカか！」というネタを展開している。どう考えてみても、いまではとうてい載せられない内容だろう。

一九九六年、『宝島30』休刊後、連載を引き継ぎたいと声をかけてくれたのは『日本版WIRED』というインターネット時代のビジネス・カルチャー誌だった。創刊時はアメリカ版の翻訳記事中心だったが、次第に日本オリジナルの記事も増やしたいということだった。

その『日本版WIRED』も一九九八年に休刊。翌年、同誌編集長が新たに立ち上げた『サイゾー』で連載が再開されることになった。ここでも長くお世話になったが、次はかつて『週刊文春』の名物編集長として知られた花田紀凱《かずよし》さんが二〇〇四年に創刊した『WiLL』に移籍した。

前述の通り、『WiLL』は保守論壇の最たるものであったが、私としてはあくまで漫才のネタであり政治的主張をするつもりはなかったので連載することに特に躊躇はなかった。二〇一六年、花田さんが版元と袂《たもと》を分かって『Hanada』を創刊した時も同様だ。『WiLL』と『Hanada』の間になにがあったか詳しい経緯は知らない。私としては連載できるのであれば掲載誌はどこでもいい。

熱心な『Ｈａｎａｄａ』読者にとって、みうらじゅんさんと爆笑問題は特異な執筆者だろうが、あのなかにいることは逆に面白い。「なんでこいつ、ここにいるんだ？」といぶかしがられながら、『Ｈａｎａｄａ』の読者が笑ってくれれば嬉しい限りだ。

『爆笑問題の日本原論』は、我々の基礎みたいな連載だ。これからも変わらず「流浪の連載」として、いろいろな雑誌を転々としながら時事問題をネタにし続けていけたらいいなと思っている。

二〇一八年八月
太田　光

［プロフィール］ 太田 光《おおた・ひかり》

1965年5月13日埼玉県生まれ。
日本大学芸術学部中退。身長170cm。

田中裕二《たなか・ゆうじ》

1965年1月10日東京都生まれ。
日本大学芸術学部中退。身長154cm。

1988年結成以来、非現実なまでにギャグ化する社会に対し、常にそれ以上のギャグをもって対抗してきた。いまだあらゆる問題を毒＋粋＋知で爆笑させる過激なパワーは追随を許さない。2006年、放送のバラエティージャンルからは史上初となる芸術選奨・文部科学大臣賞を受賞した。レギュラー番組は、『探検バクモン』（NHK総合）、『サンデー・ジャポン』（TBS）、『世界が驚いたニッポン！ スゴ〜イデスネ観察団』（テレビ朝日）、『空飛ぶ！爆チュー問題』（CSフジテレビ721）、『爆笑問題の日曜サンデー』『爆笑問題カーボーイ』（TBSラジオ）など多数。著書に『自由にものが言える時代、言えない時代』（小社。町山智浩共著）、『爆笑問題の戦争論』『偽装狂時代』『爆笑問題の日本史原論』（幻冬舎文庫）など多数。

［初出］ 『月刊WiLL』（2015年5月号）
『月刊Hanada』（2015年6月号〜2018年9月号）

［執筆］ 太田 光

［協力］ 川島龍太（『月刊Hanada』編集部）
新木良紀（太田出版）
秦野邦彦
タイタン

時事漫才

二〇一八年九月八日　第一刷発行

著者　爆笑問題
編集発行人　穂原俊二
発行所　株式会社太田出版
〒一六〇-八五七一　東京都新宿区愛住町二二　第三山田ビル四階
電話〇三-三三五九-六二六二　FAX〇三-三三五九-〇〇四〇
振替〇〇一二〇-六-一六二一六六
ホームページ http://www.ohtabooks.com/
印刷・製本　中央精版印刷株式会社
ISBN978-4-7783-1641-9　C0030